给孩子读的中国成语故事

中国成语故事 ④

雷倩 编

远方出版社
YUANFANG

图书在版编目（CIP）数据

中国成语故事：1—4 / 雷倩编. — 呼和浩特：远方出版社，2023.12
ISBN 978-7-5555-1835-8

Ⅰ.①中… Ⅱ.①雷… Ⅲ.①汉语－成语－故事－儿童读物 Ⅳ.①H136.31-49

中国国家版本馆CIP数据核字（2023）第227716号

中国成语故事（1—4）
ZHONGGUO CHENGYU GUSHI（1—4）

编　　者	雷　倩
责任编辑	蒙丽芳
封面设计	宋双成
版式设计	欣颖工作室
出版发行	远方出版社
社　　址	呼和浩特市乌兰察布东路666号　邮编 010010
电　　话	（0471）2236473 总编室　2236460 发行部
经　　销	新华书店
印　　刷	保定慧世源印刷有限公司
开　　本	889毫米×1194毫米　1/24
字　　数	109千
印　　张	8
版　　次	2023年12月第1版
印　　次	2023年12月第1次印刷
印　　数	1—5000册
标准书号	ISBN 978-7-5555-1835-8
定　　价	98.00元（共4册）

如发现印装质量问题，请与出版社联系调换

扫码打开
线上阅读宝库

用 经 典 启 迪 智 慧

📢 点读助手	▶ 趣味动画
会说话的故事书,互动点读趣味多。	激发学习兴趣,解读小故事里的大智慧。
☑ 知识测评	🗓 阅读打卡
在线答题,轻松提升孩子文化修养。	记录读书心得,养成阅读好习惯。

目　录

邯郸学步 ……………………………………	1
杯水车薪 ……………………………………	5
卧薪尝胆 ……………………………………	9
破釜沉舟 ……………………………………	13
雪中送炭 ……………………………………	17
惊弓之鸟 ……………………………………	20
愚公移山 ……………………………………	24
朝三暮四 ……………………………………	27
滥竽充数 ……………………………………	30
熟能生巧 ……………………………………	33
望梅止渴 ……………………………………	36
口若悬河 ……………………………………	38
水滴石穿 ……………………………………	41

邯郸学步

【成语释疑】 步：走路。学邯郸人走路。讽刺那些一味模仿别人，不但学不成，反而把自己原来会的东西也忘了的人。

战国时，燕国的寿陵有个少年，不知为何极度缺乏自信，尤其不满意自己的走路姿势，他听说赵国邯郸的人走路姿势特别好看，便决定去邯郸学走路。

每天一大早,这个寿陵少年就站在邯郸繁华的街头看人家走路,他觉得这里什么都是新鲜的,简直令人眼花缭乱。不过,邯郸人走路虽好看,却也各有各的样。

寿陵少年看到小孩走路,他觉得很活泼、姿势也美,便决心学小孩子走路;看见老人走路,他觉得很稳重,又开始学老人走路;看到妇女走路,摇摆多姿,他也兴高采烈地去学。

就这样,学来学去,寿陵少年总是学不好。他急了,便干脆丢掉原来的步法,从头学习走路。

这样一连学了几个月,他不但没有学会邯郸人的步法,反而把自己原来走路的步法也忘掉了,他的钱已经花光,不得不返回寿陵。可是他已经不会走路了,只好爬了回去。

杯水车薪

【成语释疑】薪：柴火。原意指用一杯水去救一车柴烧起的火。后比喻力量太小，对解决问题无济于事。

有一家药店挂牌开张，一串串鞭炮闪着火光，噼里啪啦地响，突然，一串鞭炮落在干草堆上，顷刻间，浓烟滚滚，亮起火光，风助火势，烈焰冲天。

药店里的账房先生听见"救火"的喊声,也探出头来,看见火堆就在眼前,二话没说,端起一杯水,拨开众人,冲出门外,对准火焰正旺的地方浇下去,大声说:"没事了,火一会儿就会熄了。"可是,只听见"哧"的一声,一杯水变成了水蒸气,火不但没

有熄灭,反而越烧越猛。

账房先生这才呆住了。他看了一会儿,愤愤不平地斥责道:"这火真是不像话,竟然用水都灭不了,真是岂有此理。"

转念又想,莫非天道已变,水已经不能灭火了?如果真是这样,那就不是人力所能做到的了。

想着,他便后退了几步,观望起大火来。

不久,火焰渐渐熄灭,草堆塌成红红的一堆灰烬。
周围的群众感到不解,账房先生却若无其事地说:"你们刚才也看到了,我明明拿水灭火了,可火还是在继续燃烧,这就不是我能控制的了。"听到他的话,周围的人除了摇头也都无话可说,只好纷纷离开了。

卧薪尝胆

【成语释疑】薪：柴草。卧薪尝胆的故事出自《史记·越王勾践世家》，形容人刻苦自励，立志为国家报仇血耻。

春秋末年，吴、越两国为争夺霸权，连年交战，互有胜负。公元前496年，吴王阖闾派兵攻打越国，但被越国击败，阖闾也伤重身亡，其子夫差即位。

此后,勾践听说夫差要建设水军,不顾大夫范蠡等人的反对,出兵攻打吴国,结果被夫差打得大败,自己也被俘虏。

吴国大夫伍子胥主张杀掉勾践,以除后患,并且建议乘胜追击,从而一举吞并越国。但夫差并没有这么做,而是把勾践带回吴国,让他在吴国喂马,担任自己的马夫,借此来羞辱勾践。勾践心想:君子报仇,十年不晚,自己一定要活下去。

有一次,夫差生病,勾践去看望夫差,并亲自去尝夫差的粪便,以此判断他的病情。夫差十分感动,不久,就让勾践回到了越国。

勾践回国后,发誓报仇雪恨。为了激励斗志,他夜里睡在柴草上,又在吃饭和睡觉的地方各挂一个苦胆,每天吃饭和睡觉时,先尝一尝苦胆,提醒自己不要忘了从前的耻辱。

四年后,勾践出兵攻打吴国,夫差想要求和但遭到拒绝,勾践最终击败吴国,成为春秋后期的霸主之一。

破釜沉舟

【成语释疑】 釜：煮饭用的锅。这个成语用来表示下定了决心，准备牺牲一切，去取得胜利。

秦朝末年，秦军大将章邯手下的王离和涉闲去打赵国，把钜鹿城团团围住了。项羽派英布领兵去援救，一时也没有获得胜利的办法。

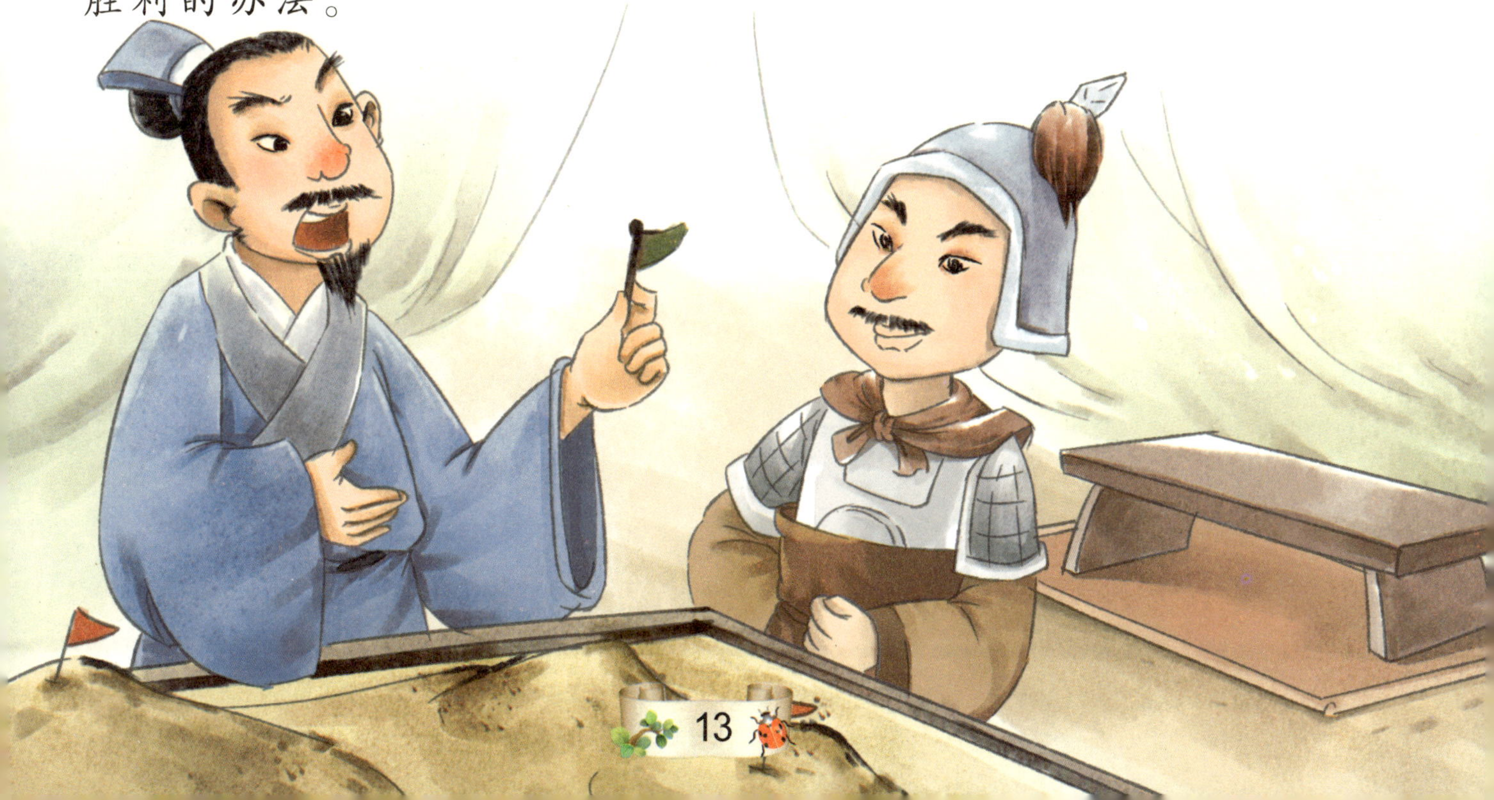

项羽只好先派出一支部队,切断了秦军运送军粮的道路,然后亲自率领部队主力去救钜鹿。当时正值冬季,不利于作战行军。当部队渡过漳河以后,项羽命令把所有的船只都凿破,沉到河底,先让士兵们饱饱地吃了一顿饭再把饭锅完全打碎,把岸上的房屋全部烧光,每人只发三天的干粮,奔上战场。将士们见主帅的决心这么大,纷纷表示一定会为取得战争胜利而拼尽全力。

战士们在这种有进无退的情况下,个个奋勇作战。在项羽的亲自指挥下,经过九次激烈战斗,终于歼灭了秦国军队,并且俘虏了王离,杀死了苏角,逼死了涉闲,大将章邯狼狈逃跑。钜鹿之战项羽以少胜多,不但解了钜鹿之围,还给了秦军致命一击。两年后,秦朝就灭亡了。

此成语出自《史记·项羽本纪》，原文为："项羽乃悉引兵渡河，皆沉船，破釜甑，烧庐舍，持三日粮，以示士卒必死，无一还心。"

雪中送炭 xuě zhōng sòng tàn

【成语释疑】这个成语的原意是像寒冷的雪天送炭,给予温暖一般。后用来比喻在人家有困难时给予帮助。

南宋著名诗人范成大,一生写下了许多优美的诗篇。范成大晚年退居故乡石湖,自称"石湖居士"。他写的《石湖居士诗集》,其中有一首诗,题目是《大雪送炭与芥隐》。诗中有

这样两句:不是雪中须送炭,聊装风景要诗来。

诗中所说的雪中送炭,历史上也有这样的故事:北宋的太宗皇帝赵光义很关心穷苦人,有一年冬天天气非常寒冷,许多百姓都被冻病了。他在皇宫中生着炉火,穿着皮袄都觉得冷,这时,他忽然想起了穷人的可怜,就派官员拿着粮米和木炭,送给

那些穷苦的人和孤苦伶仃的老人,让他们有米做饭吃,有木炭生火取暖。

这件事当时震动了整个京城,百姓们都十分感激赵光义这位爱民如子的皇帝。

jīng gōng zhī niǎo

惊弓之鸟

【成语释疑】被弓箭吓怕了的鸟不容易安定。比喻经过惊吓的人碰到一点动静就非常害怕。

zhàn guó shí qī wèi guó yǒu yí gè shè jiàn néng shǒu míng jiào
战国时期，魏国有一个射箭能手名叫
gēng léi tā de jiàn shù kě yǐ shuō shì bǎi fā bǎi zhòng jiàn jiàn
更羸，他的箭术可以说是百发百中。渐渐
lián wèi wáng dōu tīng shuō le gēng léi de míng shēng biàn jiāng tā zhào jìn
连魏王都听说了更羸的名声，便将他召进

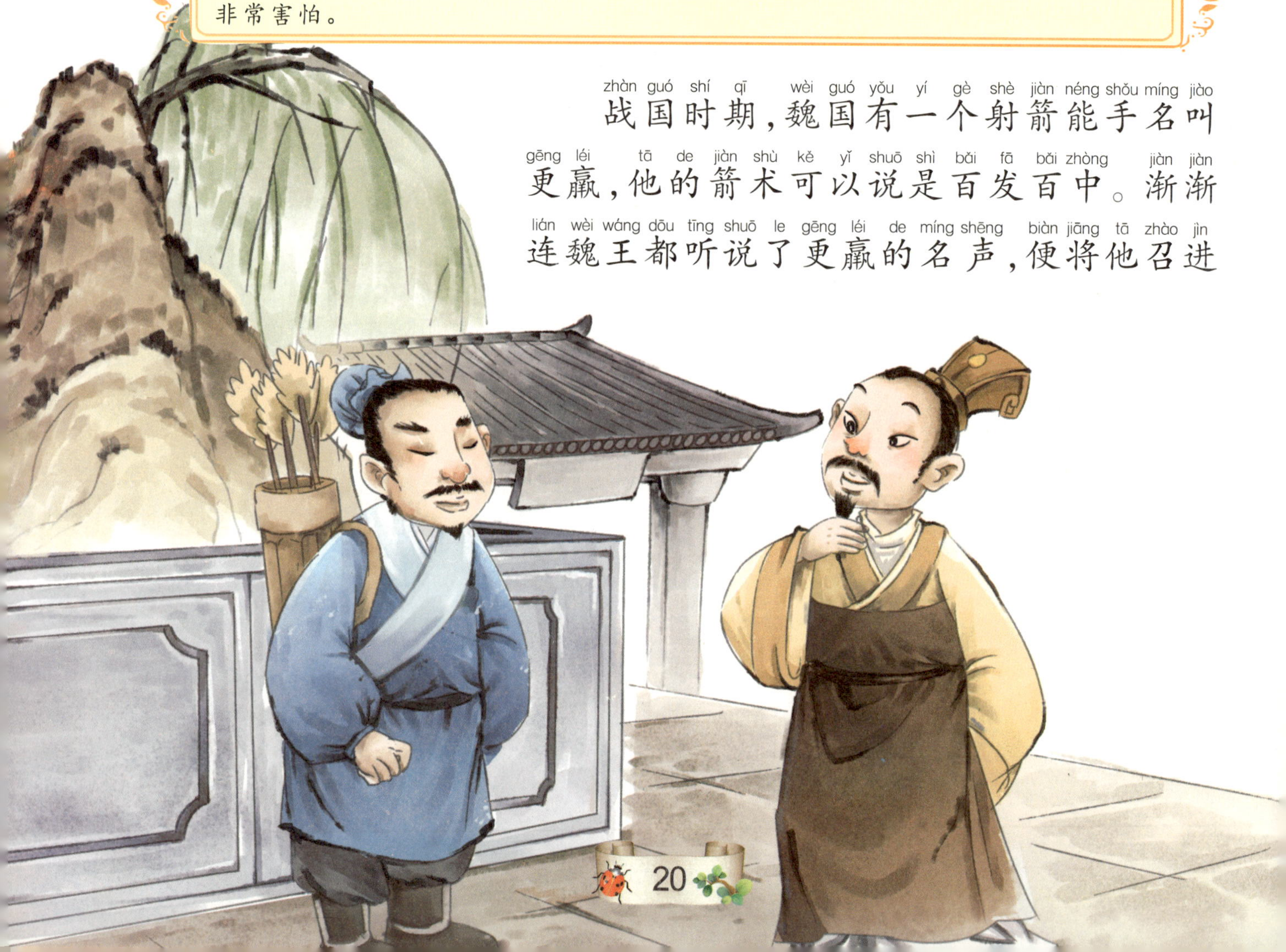

了宫中,担任自己的侍卫。

有一天,他陪魏王一起出游散步,欣赏秋天的景色。这时候,正好有一只大雁从远方飞来。更羸对魏王说:"大王,我不用箭,只要拉一下弓,就能把这只鸟射下来!"魏王不信,以为他在说笑话,不用箭怎么能射下空中的大雁呢?

更羸等大雁飞近,右手紧紧地绷住弓弦,然后突然一松手,只听得"咚"的一声,弦声直

冲天空。随即,那只大雁往上一冲,拍了两下翅膀,便真的从空中掉下来了。

魏王连声称赞,又惊又喜,急忙问更羸:"想不到你真有这样的本领!你的箭法怎么能这样高超呢?空的弓箭你居然都可以射下大雁来!"

更羸说:"这只大雁飞得慢,叫声又悲惨。飞得慢是因为它受过伤,叫得悲惨是因为它失去了同伴。因为它的紧张情绪还没有消失,所以听到弓弦响,就拼命往高处飞。这一使劲,伤口裂开,怎能不掉下来呢?"魏王听了哈哈大笑起来。

yú gōng yí shān

愚公移山

【成语释疑】这个故事出自《列子·汤问》。比喻做事有毅力，有恒心，不怕困难。锲而不舍、持之以恒都是与它差不多的意思。

gǔ shí hou yǒu liǎng zuò dà shān yí zuò jiào tài háng shān yí zuò jiào wáng wū shān
古时候有两座大山，一座叫太行山，一座叫王屋山。
shān xià zhù zhe yí wèi jiào yú gōng de lǎo rén yīn bèi dà shān zǔ gé tā měi cì
山下住着一位叫愚公的老人，因被大山阻隔，他每次
chū mén dōu yào rào hěn dà de quān zi
出门都要绕很大的圈子。

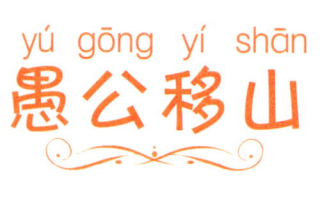

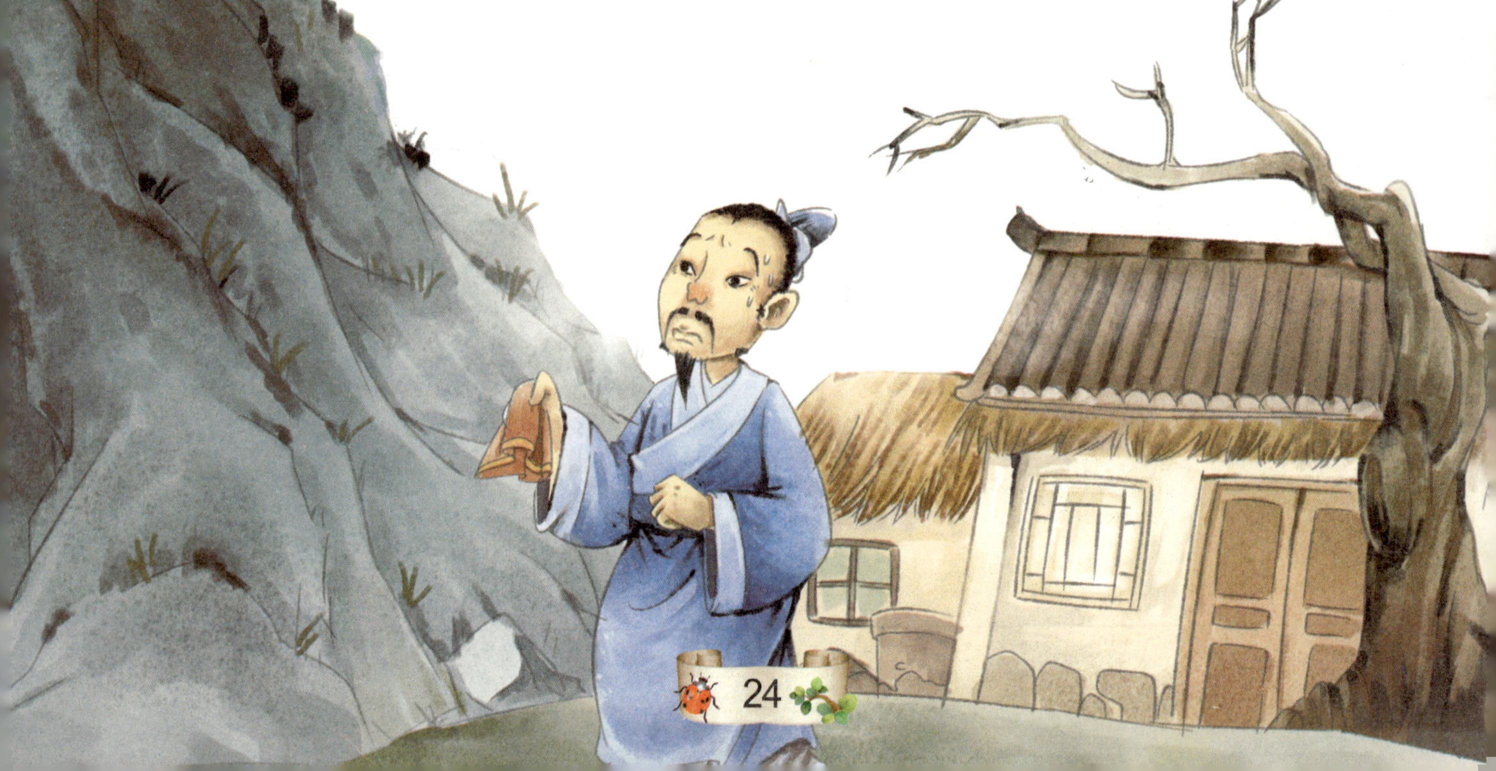

一天,他把全家人召集起来说:"我想挖掉太行山和王屋山,修一条宽阔的大道。你们说好吗?"大家都表示赞成。第二天一早,愚公就带着儿孙们开始挖山。虽然他们每天挖不了多少,但他们还是坚持着。

有个叫智叟的老人听说后,特地跑来劝愚公:"凭你这有限的精力,怎能把这两座山挖平呢?"愚公说:"即使我死了,还有儿子。儿子死了,还有孙子。山却不会再增高,为什么挖不平呢?"山神向玉皇大帝报告了这件事,玉皇大帝被愚公的精神感动了,派两个大力神把两座山搬走了。

zhāo sān mù sì

朝三暮四

【成语释疑】这个故事出自《庄子·齐物论》。本来比喻聪明人善于使用手段玩弄欺骗别人，后来比喻反复无常。

gǔ shí hòu sòng guó yǒu yí gè lǎo rén tā hěn xǐ huan hóu zi zài jiā lǐ yǎng le yí dà qún hóu zi tā néng dǒng de hóu zi de xīn si hóu zi yě néng gòu lǐ jiě tā shuō de huà

古时候，宋国有一个老人，他很喜欢猴子，在家里养了一大群猴子。他能懂得猴子的心思，猴子也能够理解他说的话。

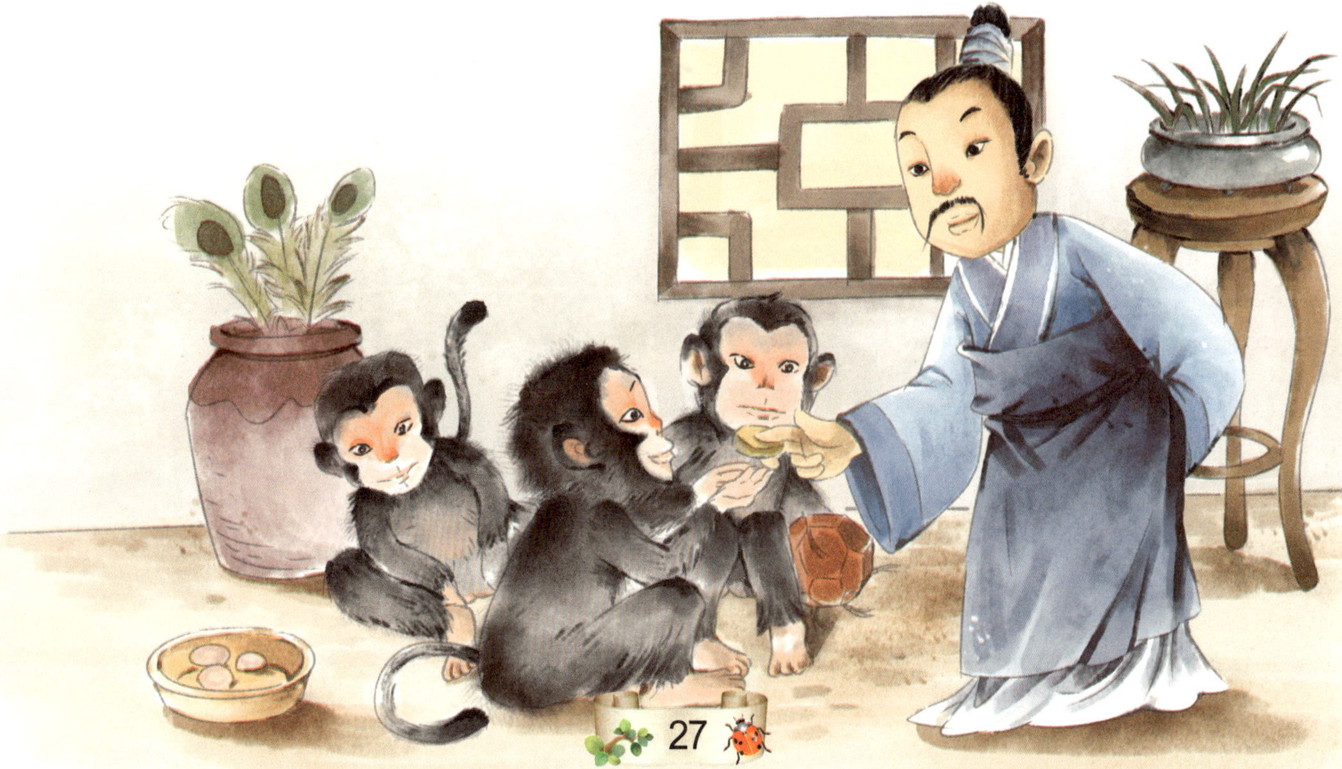

这群猴子每天都需要一定数量的橡栗,开始时老人还供应得起,久而久之,他也渐渐支付不起了。他想要限制橡栗的数量,又怕猴子们不听从自己,就先欺骗猴子们:"我每天早上给你们三颗橡栗,晚上四颗,这样够吗?"

猴子一听,觉得太少了,就都跳了起来。过了一会儿,他又说:"那早上给你们四颗橡栗,晚上三颗,这样够吗?"猴子一听,早上多了一颗,都很开心地趴在地上,服服贴贴的了。

滥竽充数

【成语释疑】比喻没有真正的才干,而混在行家里面充数,或拿不好的东西混在好的里面充数。

古时候,齐国的国君齐宣王很喜欢听人吹竽,他总是叫宫里的三百个乐师一起吹竽给他听。南郭先生平时不学无术,整天游手好闲。

他听说了齐宣王的爱好后,就跑去对齐宣王说:"我是个乐师,请允许我为您效劳,吹竽给您听吧。"齐宣王高兴地把他编进了那支三百人的吹竽队中。其实南郭先生不会吹竽,他混在三百人里面,摇头晃脑装成很会吹的样子。

就这样,南郭先生骗过了齐宣王,赚了很多钱。不久,齐宣王死了,他的儿子齐湣王当上了国君,他不喜欢听合奏,他喜欢每个人单独吹竽给他听。南郭先生觉得再也混不过去了,就收拾行李悄悄逃走了。

熟能生巧

【成语释疑】这个故事出自《卖油翁》。比喻任何事情熟练了就能将技巧运用自如,找到窍门。

北宋时有个非常有名的射箭高手,名叫陈尧咨。有一天,他应邀给人们表演射箭,箭箭都正中靶心,围观的人都大声叫好,只有一个卖油的老头不以为然地笑了笑。

听惯了赞扬的陈尧咨有些不服气,走上前去质问老头:"你会射箭吗?"老头说:"我不会。"陈尧咨说:"既然不会射箭,你怎么还看不起我的箭法?"

老头什么也没说,拿出了一个葫芦,又取出一枚铜钱盖在葫芦口上,然后用勺子舀了满满一勺油对准葫芦口倒了下去。油像一根细线一样穿过铜钱上的眼儿

被灌进葫芦里。

倒完油,老头拿起铜钱递给陈尧咨。陈尧咨接过来一看,不禁大吃一惊,别说是铜钱表面,就连钱眼里都没沾上一点油。众人都拍手叫绝,老头却笑着说:"这根本不算什么,只是熟能生巧而已。"

望梅止渴

【成语释疑】 这个成语比喻愿望无法实现,用空想安慰自己。画饼充饥、望梅止渴都是差不多的意思。

有一次,曹操带着十万大军出征打仗。天气非常炎热,沿路都找不到水。士兵们又渴又累,几乎要走不动了。曹操看到这样的情况,十分着急。

他想呀想呀,突然灵机一动,指着前方对士兵们大声说:"我知道前面不远处有一大片梅林,那里的梅子又酸又甜。大家再坚持一会儿,我们到梅林里去吃个够!"士兵一听说有梅子,想到梅子的味道,都不由自主地提起精神加快脚步,终于找到了水源,走出了困境。

之所以会这样,是因为曹操知道,只要一想到酸的味道,嘴里就会生出大量口水,这样的话,就不会觉得那么渴了。

口若悬河

【成语释疑】 若：如、像；悬河：瀑布。讲话像瀑布倾泻，滔滔不绝。形容能说会辩，口才很好，口齿伶俐。

晋代有一个大学问家，名叫郭象，字子玄。他从小就很有才学。十几岁的时候，不但已经读完了《老子》《庄子》等古书，而且还能一口气背诵出来。

后来,他对老子和庄子的学说有非常精深的研究。当时有许多当权者想请他去做官,但他一概辞谢,只是拿研究学问和谈论哲理当作最快乐的事情,虽然最后还是做了个黄门侍郎,但他并不以做官为乐,只是作为研究学问和发表议论的平台。

因为他的知识很丰富,能够把一切事情的道理讲得清清楚楚,更能够将知识应用在日常生活的小细节里,因此,郭象受到许多人的推崇。太尉王衍常常称赞他说:"听郭象说话,如悬河泻水,注而不竭。"

水滴石穿

【成语释疑】水不停地滴,石头也能被滴穿。比喻只要有恒心,不断努力,事情就一定能成功。

宋朝时,有个叫张乖崖的人在崇阳担任县令。当时,县里的社会风气很差,盗窃成风,甚至连县衙的钱库也经常发生钱、物失窃的事件。张乖崖决心好好治理这股歪风。

有一天,他终于找到了一个机会。这天,他在衙门前巡视,看到一个管理县衙钱库的小吏慌慌张张地从钱库中走出来,张乖崖急忙把库吏喊住:"你这么慌慌张张干什么?""没什么。"库吏回答说。张乖崖联想到钱库经常失窃,判断库吏可能监守自盗,便让随从对库吏进行搜查。结果,在库吏的头巾里搜到一枚铜钱。

库吏一开始还有些害怕,支支吾吾,见实在瞒不过去,只好承认铜钱是从府库里偷出来的。

张乖崖本来就痛恨这些偷鸡摸狗的事情,于是下令将这名小吏押到大堂,判罚重打五十大板。

小吏这时才回过神来,心里十分不服气,反而怒气冲冲地对张乖崖说道:"我只不过是拿了一枚铜钱,你凭什么就要打我五十大板?算了算了,你也就只有这么点本事,也就只敢打我,难道你还能杀我不成?"

张乖崖听到小吏竟然敢这样顶撞自己,不由得十分

愤怒,顿时改变了主意,决定严惩这个不知天高地厚的人。

张乖崖毫不犹豫地拿起朱笔宣判:"一天偷盗一枚铜钱,一千天就偷了一千枚铜钱。用绳子不停地锯木头,木头就会被锯断;水滴不停地滴,能把石头滴穿。"写完这些,张乖崖亲自手提宝剑斩了这名库吏。

这件事情一传十,十传百,久而久之,大家都知道了张乖崖的厉害,再也没有人敢公开做违法的事了。

从此以后,崇阳县的偷盗风被制止了,社会风气也大大地好转了。

给孩子读的中国成语故事

中国成语故事 ①

雷 倩 编

远方出版社

图书在版编目（CIP）数据

中国成语故事：1—4 / 雷倩编. -- 呼和浩特：远方出版社，2023.12
　　ISBN 978-7-5555-1835-8

Ⅰ．①中… Ⅱ．①雷… Ⅲ．①汉语－成语－故事－儿童读物 Ⅳ．①H136.31-49

中国国家版本馆CIP数据核字(2023)第227716号

中国成语故事（1—4）
ZHONGGUO CHENGYU GUSHI (1—4)

编　　者	雷　倩
责任编辑	蒙丽芳
封面设计	宋双成
版式设计	欣颖工作室
出版发行	远方出版社
社　　址	呼和浩特市乌兰察布东路666号　邮编 010010
电　　话	（0471）2236473 总编室　2236460 发行部
经　　销	新华书店
印　　刷	保定慧世源印刷有限公司
开　　本	889毫米×1194毫米　1/24
字　　数	109千
印　　张	8
版　　次	2023年12月第1版
印　　次	2023年12月第1次印刷
印　　数	1—5000册
标准书号	ISBN 978-7-5555-1835-8
定　　价	98.00元（共4册）

如发现印装质量问题，请与出版社联系调换

扫码打开
线上阅读宝库

用经典启迪智慧

📢 点读助手
会说话的故事书,互动点读趣味多。

▶ 趣味动画
激发学习兴趣,解读小故事里的大智慧。

📝 知识测评
在线答题,轻松提升孩子文化修养。

📅 阅读打卡
记录读书心得,养成阅读好习惯。

目 录

守株待兔 ……………………………………	1
打草惊蛇 ……………………………………	5
一字千金 ……………………………………	9
塞翁失马 ……………………………………	13
一诺千金 ……………………………………	17
不耻下问 ……………………………………	21
沉鱼落雁 ……………………………………	25
南辕北辙 ……………………………………	28
叶公好龙 ……………………………………	32
亡羊补牢 ……………………………………	35
拔苗助长 ……………………………………	39
杞人忧天 ……………………………………	42

守株待兔

【成语释疑】 株：露出地面的树桩。指守在树桩前等待，希望再得到撞死的兔子。比喻不主动努力，而存万一的侥幸心理，希望得到意外的收获。

宋国有一个农夫，每天在田里劳动。一年四季，他都早出晚归，非常勤劳。

一天，这个农夫正在地里干活，一只野兔突然从草丛里蹿了出来。野兔看到有人，受了惊吓，拼命地奔跑，不料一头撞在了树桩上，折断了脖子，不一会儿就死了。

农夫停下手中的农活,飞快地跑过去,拾起了兔子。他高兴地想:太好了,我没费一点儿劲,就捡了个大便宜。

农夫觉得自己的运气实在是太好了,晚上回到家,他把死兔子交给妻子,妻子做了一大碗香喷喷的野兔子肉,夫妻二人有说有笑,美美地吃了一顿。

第二天,农夫照旧到地里干活,可是他再也不像以前那么专心了。他想:今天没准儿还会有兔子跑来,我可不能错过这样的好事!

于是,他干一会儿农活就朝草丛里看一看、听一听,希望还有兔子会突然蹿出来撞在树桩上。就这样,他心不在焉地干了一天活儿,可直到天黑也没见有兔子出来,他垂头丧气地回家了。

到了后来,他再也无心干活,索性把农具放到一边,坐在树桩旁边的田埂上,专门等野兔蹿出来。

农夫就这样每天守在树桩边,希望能再捡到兔子,然而再也没有兔子撞到树桩上了。而农夫地里的野草却越长越高,把庄稼都淹没了,他也因此成了人们的笑柄。

打草惊蛇

【成语释疑】 打的是草,可惊动了藏在草丛里的蛇,比喻做事不严密,致使对方有了警觉。

五代南唐时期,当涂县有个县令叫王鲁。他还没有做官的时候,就喜欢营私舞弊,做了当涂县令之后,王鲁更是利用手中的权势,贪赃枉法,搜刮了很多钱财。

县衙中的其他官吏见王鲁作为县令都这么贪婪,也纷纷效仿,对百姓进行敲诈勒索。当地老百姓对这些官员恨之入骨,却又敢怒不敢言。

后来,百姓们实在忍无可忍,就联名写了一份状子,状告王鲁手下的一名官吏贪赃枉法,还列出了很多事实。谁知,这份状子居然落到了王鲁手里。

王鲁看到这份状子,大吃一惊,心里非常害怕,因为状子上列出的罪状都证据确凿,一些事还和自己有牵连。王鲁虽然害怕,但又感到十分庆幸,因为状子现在在自己手里,要是落在别人手上,不仅暴露了他的罪行,保不住县令的位子,甚至会断送性命。

他越想越觉得自己幸运,不由自主地在状子上写了八个字:"汝虽打草,吾已惊蛇。"意思是说:虽然你们告发的是别人,但是我由别人想到我自己,就像是打在草上惊动了草里的蛇一样。写完这些,他手一松,瘫坐在椅子上,笔也掉到了地上。

一字千金

【成语释疑】一个字值一千金。原指改动一个字赏赐千金,后用"一字千金"来称赞诗文精妙,价值极高,也指书法作品的珍贵。

战国时,秦国有个叫吕不韦的丞相。他原先是个商人,因资助秦襄王做国君立了大功,所以被封为丞相。

战国时期,商人的地位是最低的,大家都看不起他们。所以,

吕不韦虽然做了丞相,但满朝的文武官员都看不起他,也不服他。

吕不韦清楚自己的处境,他觉得必须想办法提高自己的声望,便召集门客商议对策。

有的门客提议出兵打仗,也有门客反对出兵打仗。因为出兵打仗风险太大,吕不韦也不同意这样做。最后,吕不韦问:"还

有什么别的好办法吗?"

停了一会儿,有一位门客说:"孔子是个大学问家,他写了《春秋》;孙武很会打仗,写了《孙子兵法》。我想,我们可以写一本书,这样既可以提高自己的声望,又可以为后人做贡献。"

吕不韦听了很高兴,就立即组织人员撰写书籍。当时吕

不韦有很多门客,时间也抓得很紧。不久,一部名叫《吕氏春秋》的书便写成了。

怎样才能使吕不韦的《吕氏春秋》被老百姓知道呢?他命人将书抄写出来,贴在城墙上。并且张贴布告说:"谁能把书中的文字增加一个,减少一个,或改动一个,都奖励黄金一千两。"

这样一来,人们都知道了吕不韦的书,他的地位也提高了。

塞翁失马
sài wēng shī mǎ

【成语释疑】塞：边界险要之处；翁：老头。比喻一时虽然受到损失，也许反而因此得到好处。也指坏事在一定条件下可变为好事。

古时候，在靠近西北边塞的地方有一位老翁。

一天，他们家的一匹马突然跑到了塞外的胡人那里，他感

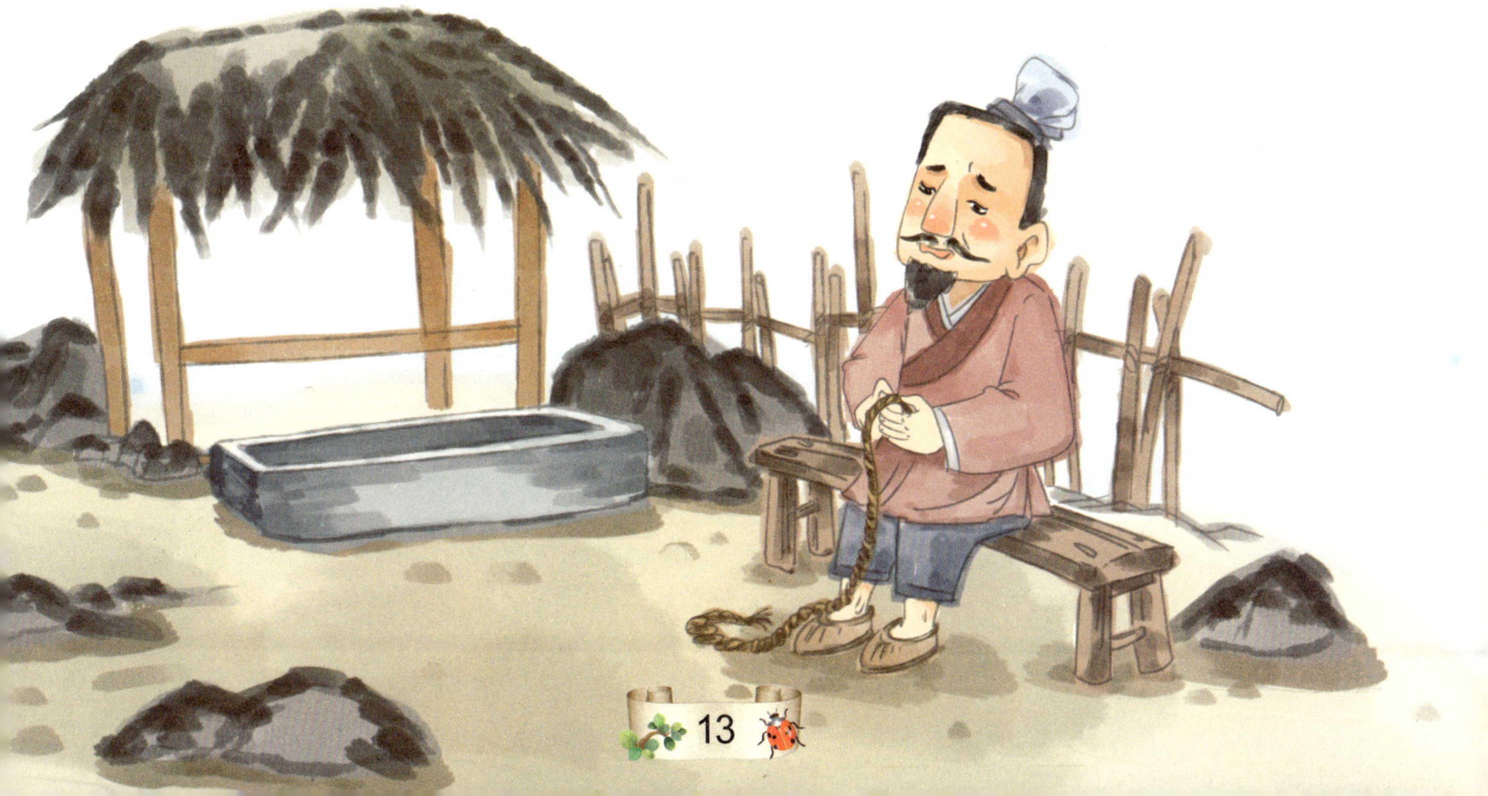

到很难过,邻居们都来安慰他。可他却说:"也许这是一件好事呢!"
过了几个月,他的马忽然跑回来了,还带回了好几匹骏马,邻居们纷纷向他祝贺,说他有福气。不料,他冷冷地说:"谁知道这会不会成为一个祸根呢?"邻居们顿时扫兴地离开了。

他的家中有许多骏马,他的儿子也很喜欢骑马。不幸的事发生了,一天,他的儿子在骑马时,不小心从马上摔了下来,把腿摔断了。邻居们都赶来安慰他,他却又说了一句令众人惊异的话:"这也许会变成一件好事呢!"

一年后,边塞发生战事,官府下令征兵。壮年男子都拿起弓箭去打仗了,绝大多数人都战死沙场,再也没有回来。

而他的儿子因为摔断了腿,没有被派去打仗,保全了自己的性命。

所以福可以变成祸,祸可以变成福,这其中的变化难以捉摸,深不可测。

一诺千金

【成语释疑】诺：许诺。千金：形容贵重。许下一个诺言有千金的价值。比喻说话算数，讲信用。

秦朝末年，楚地有一个叫季布的人，他性格耿直，为人侠义好助。只要是他答应过的事情，无论有多大困难，都会设法办到，受到大家的赞扬。刘邦得了天下后，封季布做了郎中（官

名），不久又改做河东太守。

当时有个叫曹丘生的人，专爱结交有权势的官员，季布一向看不起他。听说季布做了大官，曹丘生就想去见季布，于是，请季布的朋友窦长君替他介绍。窦长君直率地告诉曹丘生："季将军很不满意您，您还是不见为好。"可曹丘生坚决要去，窦长君只好领他前去。

曹丘生拜见季布后,发现季布非常冷淡,就耐着性子对季布说:"我听说楚地流传着这样一句话:即使得到黄金一百斤,也不如得到季布的一句诺言。您想过吗,您这样的好名声是怎么来的呢?我是楚地人,您也是楚地人,您的名声正是我向天下人宣传的结果啊!您现在为什么要这样对待我呢?"

季布一听,马上改变了态度,盛情招待了曹丘生,还留他在自己府里住了几个月。临走,还送给他一笔厚礼。

后来,曹丘生也确实照自己说过的那样去做:每到一个地方,就宣扬季布如何礼贤下士。从此,季布的名声越来越大。

不耻下问
bù chǐ xià wèn

【成语释疑】耻：羞耻。不认为向地位比自己低、学问比自己差的人请教是丢脸的事，形容谦虚好学。

孔子生活在春秋战国时代，被人们尊称为"圣人"。虽然他学识渊博，但仍然虚心地向别人学习。

一次，孔子去鲁国国君的祖庙参加祭祖典礼，他不时向人询问，差不多每件事都问到了。有人在背后嘲笑他，说他不懂礼仪，什么都要问。孔子听到这些议论后说："对于不懂的事，问个明白，这正是我想懂礼的表现啊，有什么不好呢？"

当时,卫国有个大夫叫孔圉,虚心好学,为人正直。当时社会有个习惯,在最高统治者或其他有地位的人死后,给他另起一个称号,叫谥号。按照这个习俗,孔圉死后,授予他的谥号为"文",所以后来人们又称他为孔文子。

孔子的学生子贡有些不服气,他认为孔圉也有不足的地方,于是就去问孔子:"老师,孔文子凭什么可以被称为'文'呢?"
孔子回答说:"敏而好学,不耻下问,是以谓之'文'也。"意思是说孔圉聪敏勤学,不以向职位比自己低、学问比自己差的人求学为耻,所以当得起一个"文"字。

沉鱼落雁

【成语释疑】 使得游鱼沉入水底，使得飞雁降落到沙洲。形容女子容貌极其美丽。

春秋战国时期，越王勾践为复国雪仇送给吴王夫差一位绝色美女，以迷其心志。这个美女名叫西施。据说，当西施在故乡的溪边洗衣时，水中的鱼儿看到她娇媚动人的容貌，竟忘记了游动，渐渐地沉到水底。

越国被吴国打败时,越王勾践不甘心国破家亡,决心雪耻复国。一方面他卧薪尝胆,励精图治;另一方面施展"美人计",将西施献给吴王夫差。吴王因沉湎于西施的美色,渐渐荒废了朝政,最终为勾践所灭。

西汉时期也有一位绝色美女,名叫王昭君,本是汉元帝后宫的宫人。当时汉朝边境屡受匈奴袭扰,呼韩邪单于继任匈奴首领后,派使者前来求亲,愿意与汉朝息兵戈,和睦相处。王昭君主动请求远嫁匈奴。传说昭君出塞时,天空飞过一群大雁。大雁惊讶于她的美丽,全部跌落地上。后人常用"沉鱼落雁"来称赞容貌美丽的女子。

南辕北辙 (nán yuán běi zhé)

【成语释疑】辕:车前驾牲畜的两根横木,引申指车;辙:车轮滚过的痕迹,引申指道路。意思是本想往南,而车却向北行。比喻行动跟目的相反。

从前有一个人,要从魏国到楚国去。他带了很多的盘缠,雇了一辆上好的马车,请了驾车技术精湛的车夫,然后就上路了。

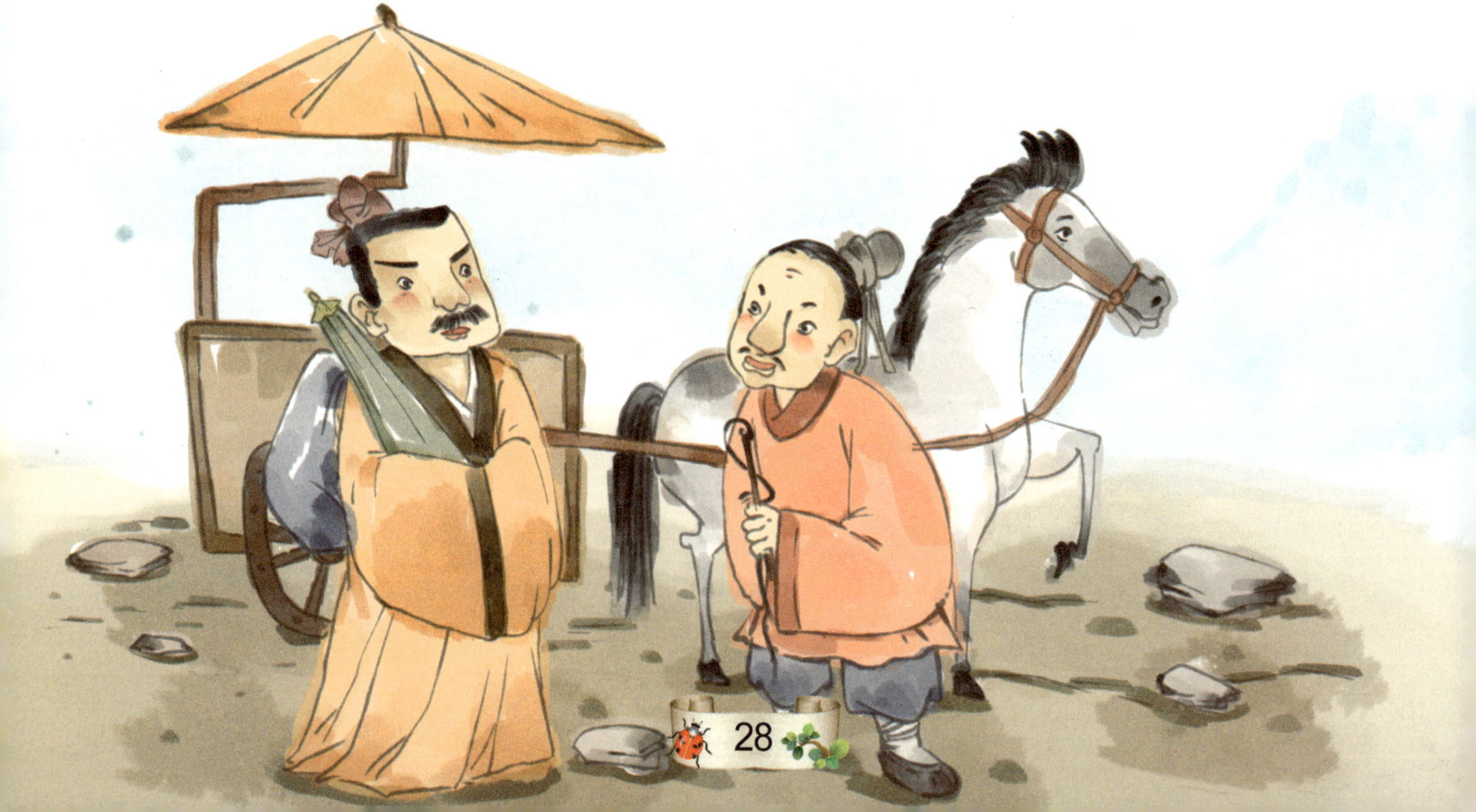

楚国在魏国的南面,可这个人不辨东西南北,胡乱一指,让车夫驾着车一直向北走去。

路上的行人问他要到哪儿去,他大声回答:"我要去楚国!"路人一听不对,对他说:"到楚国去应往南面走,你这是在往北走,不是反了吗?"

那人满不在乎地说:"没关系,我的马跑得快着呢!"路人替他着急,拉住他的马车,阻止他说:"方向错了,你的马再快,也到不了楚国呀!"那人不以为然,说:"那有什么关系,反正我有的是钱!"路人哭笑不得,极力劝阻他说:"虽说你的路费多,可是你走的方向不对,路费再多也只是白花呀!"

那个一心只想着去楚国的人有些不耐烦了,说:"这有什么难的,我的车夫赶车的本领高着呢!"路人无奈地摇摇头,只好松开了拉住马车的手,眼睁睁地看着那个盲目上路的人远去了。

叶公好龙

【成语释疑】 叶公：春秋时楚国贵族，名沈诸梁，字子高，封于叶（古地名，今河南叶县）。好：喜爱。比喻对某种事物只是表面上爱好，而并非出于真心。

春秋时期，孔子有一个学生叫子张。他是陈国人，很有才能抱负。子张听说鲁哀公重视人才，就想到鲁国求见鲁哀公，陈述自己治国的主张。

谁知等了七天，还没有鲁哀公接见他的消息。

子张于是找到鲁哀公身边的一位官员,给他讲了一个故事,委婉、含蓄地提出了意见。

故事是这样的:从前,楚国的叶地有个贵族叫叶公,叶公特别喜欢龙,在他的家里几乎处处都有龙的图案。墙上画着的是龙,柱子上刻着的是龙,连各种器具、用品上也都用龙的图案来装饰。

叶公爱龙的事迹感动了天上的真龙,真龙从天而降,头从叶公家的窗口伸了进去。叶公看到了真龙,吓得浑身发抖,急忙躲了起来。原来叶公所喜欢的是那些画在墙上、雕在柱子上的假龙,而不是真的龙。

最后子张说:"我看您的国君也不是真正重视人才啊!"

亡羊补牢

【成语释疑】 亡：丢失。牢：关牲口的圈。丢失了羊，就修补羊圈。比喻出了问题以后及时想办法补救，常与"为时未晚"连用。

战国时期的楚襄王，喜欢饮酒作乐，不理朝政。国家在他的统治下非常混乱，老百姓生活困苦。后来秦国派兵攻打楚国，很快就把楚国都城攻克了。楚襄王只好仓皇出逃。

在出逃途中，楚襄王逐渐清醒过来，他跟他的臣子说想好好整治国家。

一个臣子看到他决心悔改,就说:"亡羊补牢,为时未晚。"楚襄王不知是什么意思,就问那个臣子:"亡羊补牢是什么意思?"那个臣子说:"从前有个农夫,养了一群羊。有一天,他好心的邻居看到他的羊圈破了一个很大的洞,就对他说:'你最好把羊圈修一下,不然羊会丢的。'

"可是他没有听邻居的劝告,更没有去补羊圈。结果过了两天,他发现他的羊又少了一只。这时,他好心的邻居又来提醒他补羊圈,他说:'羊都已经丢了,还补什么羊圈?'第二天,他再次失去了一只羊。

"养羊的人这才听了好心邻居的劝告,动手将羊圈修好了。从那以后,农夫的羊就不再丢了。"楚襄王听后恍然大悟,觉得非常有道理。

从那以后,楚襄王吸取了教训,振作起来,开始整顿国家。

拔苗助长

【成语释疑】把苗拔起来,帮助苗生长。比喻违反事物的发展规律,急于求成,反而把事情弄糟,也说揠苗助长。

古时候,宋国有一位农夫,他性子特别急,田里的秧苗刚种下,他就盼着要收获。

他经常到田间去观察禾苗的生长情况,可日子一天天过去了,禾苗好像一点也没有长高。他急得在田边走来走去,心想:这样下去可不行!我不能老是这样等着,我得想个办法让禾苗长快点儿。

这天,农夫又在田边焦急地走来走去。忽然,他灵机一动:如果我把禾苗都往上拔一截,它们不就一下子都长高了吗?

于是,他急忙将禾苗一棵棵向上拔,从早上一直忙到天黑,直到累得筋疲力尽才回家。

回到家里,他兴高采烈地把自己拔禾苗的事情讲给家人听,他的儿子听了以后,目瞪口呆,慌忙往田里跑去,却发现禾苗都死了。

杞人忧天

【成语释疑】杞：古国名，在今河南杞县一带。忧天：担心天会塌下来。一个杞国人老是怕天掉下来。比喻完全不必要的或没有根据的忧虑和担心。

很久以前，有个叫作杞的小国，小国里有个非常胆小的人。这个胆小的人，经常想一些稀奇古怪的问题。

有一天,他吃完晚饭,突然想到,如果有一天,天塌下来了,他该怎么办?他想,如果天塌下来,大山都会被压平,房屋就更不用说了。他自己也没有地方可以躲避,会被压死。想到死,他吓得直打哆嗦。

从那以后,他就天天担心这个问题。只要一想到这个问题,就吃不下饭,睡不着觉。不久,这个人就瘦成了皮包骨。

他的朋友和亲人，看到他这种情形，就都来劝他，让他不要自寻烦恼，天是不会塌下来的。即使天塌下来，他担心也没有用。

但是这些劝告丝毫没有发挥作用，因为他太胆小了。不久以后，他就因为吃不下饭，饿死了。他死的时候，还自言自语地说："天塌下来，我该怎么办呢？"

给孩子读的中国成语故事

中国成语故事 ②

雷倩 编

远方出版社

图书在版编目（CIP）数据

中国成语故事：1—4 / 雷倩编. —— 呼和浩特：远方出版社，2023.12
ISBN 978-7-5555-1835-8

Ⅰ.①中… Ⅱ.①雷… Ⅲ.①汉语－成语－故事－儿童读物 Ⅳ.①H136.31-49

中国国家版本馆CIP数据核字(2023)第227716号

中国成语故事（1—4）
ZHONGGUO CHENGYU GUSHI(1—4)

编　　者	雷　倩
责任编辑	蒙丽芳
封面设计	宋双成
版式设计	欣颖工作室
出版发行	远方出版社
社　　址	呼和浩特市乌兰察布东路666号　邮编 010010
电　　话	（0471）2236473总编室　2236460发行部
经　　销	新华书店
印　　刷	保定慧世源印刷有限公司
开　　本	889毫米×1194毫米　1/24
字　　数	109千
印　　张	8
版　　次	2023年12月第1版
印　　次	2023年12月第1次印刷
印　　数	1—5000册
标准书号	ISBN 978-7-5555-1835-8
定　　价	98.00元（共4册）

如发现印装质量问题，请与出版社联系调换

扫码打开
线上阅读宝库

用经典启迪智慧

📢 点读助手	▶ 趣味动画
会说话的故事书,互动点读趣味多。	激发学习兴趣,解读小故事里的大智慧。
📋 知识测评	✅ 阅读打卡
在线答题,轻松提升孩子文化修养。	记录读书心得,养成阅读好习惯。

三顾茅庐	1
毛遂自荐	5
以貌取人	9
纸上谈兵	13
负荆请罪	17
名落孙山	21
囫囵吞枣	25
画蛇添足	29
呕心沥血	33
画龙点睛	37
刮目相看	41

三顾茅庐

【成语释疑】 比喻诚心诚意地登门拜访或邀请某个人。

东汉末年,刘备投奔镇守荆州的刘表,为了日后能成就大业,刘备四处寻访人才。荆州名士司马徽对刘备说:"此地有'卧龙'和'凤雏',这两人你只要能得到一个,就可以安定天下了。"

经过多方打听,刘备得知"卧龙"指的是诸葛亮,他长期隐居在襄阳城西边的隆中,住在草棚茅庐里,自己还种着几亩地。闲下来的时候,诸葛亮经常阅读史书,是个少有的人才。刘备知道后,十分高兴,就带着关羽和张飞亲自去拜访诸葛亮。

第一次去时,诸葛亮不在家,刘备只好留下姓名闷闷不乐地回去了。第二次,刘备打听到诸葛亮已经回来了,就冒着风雪,再次前往隆中拜访。不巧,诸葛亮又出门了,刘备又白走了一趟。刘备第三次来到隆中,终于见到了诸葛亮。他与诸葛亮在茅庐

中探讨时局，诸葛亮分析形势，设计三分天下的策略。刘备对诸葛亮的独到见解十分佩服，诚邀诸葛亮出山，帮助自己振兴汉室。

诸葛亮从刘备的三次拜访中，看出他的诚意，于是决定辅佐他，施展自己的抱负。此后，诸葛亮作为刘备的重要谋士，帮助刘备东联孙吴，北伐曹操，建立了蜀汉政权，奠定了东吴、曹魏、蜀汉三足鼎立的局面。

毛遂自荐

【成语释疑】 毛遂：战国时赵国平原君的门客。比喻自告奋勇，自己推荐自己去做某件事。

平原君是战国时期著名的四公子之一。他养了很多门客，据说有数千人。毛遂就是门客中的一个，但毛遂的地位很低，一直没有人知道他。

赵惠王时，秦国攻打赵国。赵惠王就派平原君去联系楚国，请求楚国的帮助。但是楚国不一定愿意帮忙，因此困难很大。于是平原君想带二十个门客去联系，万一谈不成功，就用武力强迫楚王同意。但是他左挑右选只选到十九人，还缺一人。正在这时，毛遂自告奋勇地说："我愿意去，算上我一个。"

平原君看了看他,说:"我听说,有才德的人,在社会上就像锥子在口袋里一样,很快就会显露出来。但是你在我的门下这么久了,名声都不大,可见你才能一般。这次任务很重,我看先生还是免了吧。"毛遂说:"我之所以没有露出头来,是因为从来没有被放在口袋里。"

平原君看他谈吐不凡,就让他跟着去了。到了楚国,原先那些门客都看不起他。后来,见他在与楚王谈判时,说话非常得体,门客们逐渐地对他有了好感。

谈判进行了两三天,却一点结果都没有。就在双方僵持不下、口干舌燥的时候,毛遂带着剑走到楚王跟前,用剑逼着楚王,强迫他跟赵国签了协议,而其他的门客却毫无作为。

就这样,毛遂赢得了门客们的尊重,平原君也看得起他了。

以貌取人

【成语释疑】 以：根据、凭借。貌，相貌。只根据外貌来判断一个人的品质或能力。

孔子是春秋时期的大教育家，据说有三千多名学生。在看人方面，孔圣人也承认犯过两次错误：有一个很会说话的学生和一个长得很丑的学生，都被孔子看错过。

那个很会说话的学生,名字叫作宰予。宰予擅长言谈,因此,孔子认为他什么都好。有一天,宰予对孔子说:"父母去世了,守孝三年,时间太长了。要是三年不学习,学习过的,也会被忘记。"

孔子听了很生气地说:"宰予呀,你真不孝。你生下来,三年都不能离开父母的怀抱,难道守孝三年就太长了吗?"于是,孔子认为自己看错了宰予。

长得不好看的那个学生,名字叫澹台灭明。孔子原先认为澹台灭明并不优秀,不仅学习差,品行也不好。

可是出乎他的意料,澹台灭明到南方去讲学时,人们对他的评价非常高。因此孔子感慨地说:"我仅凭说话判断人,在宰予身上我发现错了;以貌取人,在澹台灭明身上又错了。"

zhǐ shàng tán bīng

纸上谈兵

【成语释疑】在文字上谈用兵策略。比喻不联系实际情况，空发议论。也比喻只是空谈，不能成为现实的事物。

zhàn guó shí qī zhào xiào chéng wáng qī nián qín jūn hé zhào jūn zài cháng píng duì zhì dāng shí
战国时期，赵孝成王七年，秦军和赵军在长平对峙。当时
zhào guó dà jiàng zhào shē yǐ jīng qù shì zhào wáng biàn pài lián pō shuài bīng kàng qín
赵国大将赵奢已经去世，赵王便派廉颇率兵抗秦。

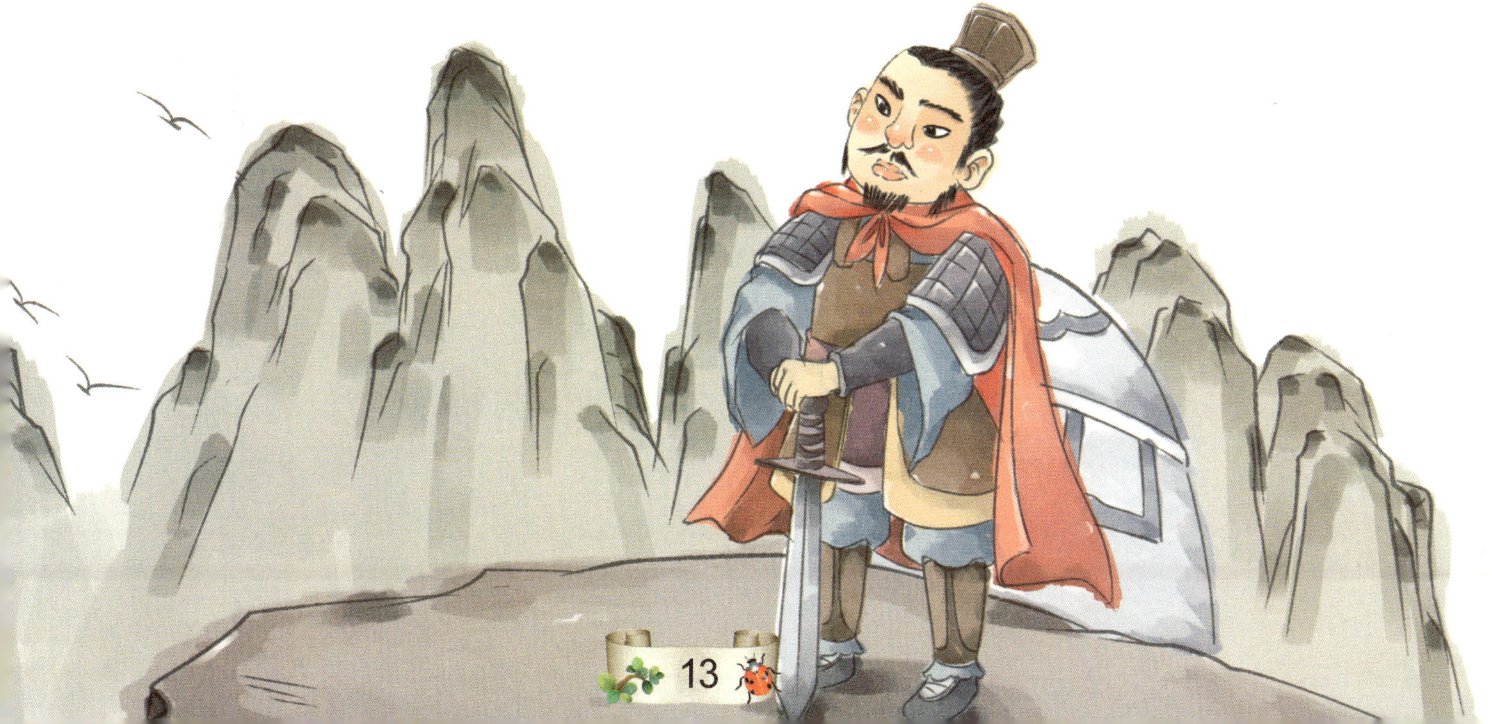

当时秦军一再打败赵军,赵军便加强防御,不再出兵应战,即使秦军一再挑战,廉颇依然不理睬。

秦军久攻不下,就派间谍对赵王说:"秦军最忌讳、最害怕的是赵奢的儿子赵括,廉颇只守不战,威胁不到秦军。"赵王信以为真,就让赵括代替了廉颇。蔺相如说:"赵括这个人,只会念他父

亲留下的兵书,并不能领悟战场上因时因势而变的道理,实在不宜做赵国的大将啊!"赵王不听,还是任赵括为将。

赵括自小熟读兵书,自以为天下没有人比得上自己。有一次他与父亲谈战阵布设之道,赵奢也难不倒他。但赵奢并不认为儿子懂得兵法,赵括的母亲询问原因,赵奢说:"战争,是关系生死的大事,而括儿竟然说得轻松容易。将来赵国不用括儿为将则已,如果用了他，那么使赵国惨败的，不是别人，必是括儿了。"

听说赵括要率领大军出征，赵括的母亲立即上书赵王，说："赵括不宜做将军。"但赵王仍然不听。

赵括刚一取代廉颇的职位，就全盘修改法令，调动军队。秦军则假装战败退走，从背后偷袭，结果，赵军大败，赵括也被乱箭射死，数十万赵国大军束手投降。

负荆请罪

【成语释疑】负：背着。荆：荆条。指背着荆条请罪，表示主动向人认错赔罪，请求责罚。后多用来表示向人认错赔礼。

廉颇和蔺相如，都是战国时期赵国的大臣。廉颇非常会打仗，几乎每次打仗都能取胜。蔺相如口才非常好，尤其是在外交上，他每次跟别的国家谈判，都会使赵国处于

有利地位。

有一回,蔺相如跟当时最大的诸侯国秦国谈判,捍卫了赵国的利益。赵王就封了他很大的官,比廉颇的官还要大。

廉颇知道这件事后,很不服气。他说:"蔺相如只因为会说话,就比我的官还高。我廉颇身经百战,为赵国立的功,岂不是

白费了？我一定要当众羞辱蔺相如一番。"

廉颇的话传到蔺相如的耳朵里，蔺相如就处处躲避廉颇。有一回，蔺相如外出恰巧碰上了廉颇，他马上调转马车就走。他的仆人看到很不服气，问："你为什么这样怕廉颇？"

蔺相如说："秦国之所以不敢欺负赵国，是因为有我

和廉颇将军在。我不能因为私人恩怨,影响了国家的利益。"

后来,廉颇得知了蔺相如说的话,感到非常惭愧。于是,他就光着背,背上带刺的树棍(古代叫作荆),来蔺相如家里请罪。蔺相如给他解下了树棍,他们一起饮酒,结成了生死朋友。

名落孙山

【成语释疑】孙山：宋朝人名。比喻投考未中或选拔时未被录取。

宋朝时，有一年省城里举行乡试，有个叫孙山的年轻人准备进城参加考试，希望能考中举人。孙山临走之前，乡里有个姓吴的老人带着儿子来找他。老人拜托孙山带上儿子吴生一起去参加考试。

到了发榜的那天，很多人都围在榜文前看榜，孙山好不容易才挤到前面，站定之后，他开始仔细看榜。找了半天，才在红榜的最后看到了自己的名字"孙山"。虽然名次不理想，但总算中了举人，想到这里，孙山不由得松了口气。

孙山又开始找吴生的名字，却怎么也找不到。显然，吴生落榜了。

孙山决定尽快回家把中举的好消息告诉乡亲们。而吴生得知自己落榜,就决定在省城散散心。于是,孙山独自回家了。

回到乡里,大家纷纷前来祝贺。那位姓吴的老人也来了,老人见到孙山后,便向他打听自己儿子的消息。孙山没有直接回答老人,而是念了两句诗,说得十分委婉:"解名尽处是孙山,贤

郎更在孙山外。"

这两句诗的意思是说：公布录取考生的榜上，最后一名是我孙山，你的儿子还在我孙山的后面呢，也就是落榜了。

后人根据这个故事，提炼成"名落孙山"这一成语。

hú lún tūn zǎo

囫囵吞枣

【成语释疑】囫囵：整个儿。把整个枣子吞咽下去。比喻不加分析思考地笼统接受，不求理解消化。

jí shì shàng bǎi zhe yí gè shuǐ guǒ tān tān zhǔ zǒng shì bú yàn qí fán de xiàng gù kè men jiè shào gè zhǒng shuǐ guǒ de tè diǎn hé gōng yòng

集市上摆着一个水果摊。摊主总是不厌其烦地向顾客们介绍各种水果的特点和功用。

zhū wèi qǐng kàn wǒ zhè lí zhì nèn sè bái wèi tián zài qǐng kàn wǒ zhè zǎo zi bǎo mǎn sè xiān qīng xiāng zhū wèi běn tān suǒ mài de shuǐ guǒ huò zhēn jià shí bāo nǐ hé suàn

“诸位，请看我这梨，质嫩、色白、味甜；再请看我这枣子，饱满、色鲜、清香。诸位，本摊所卖的水果货真价实，包你合算。”

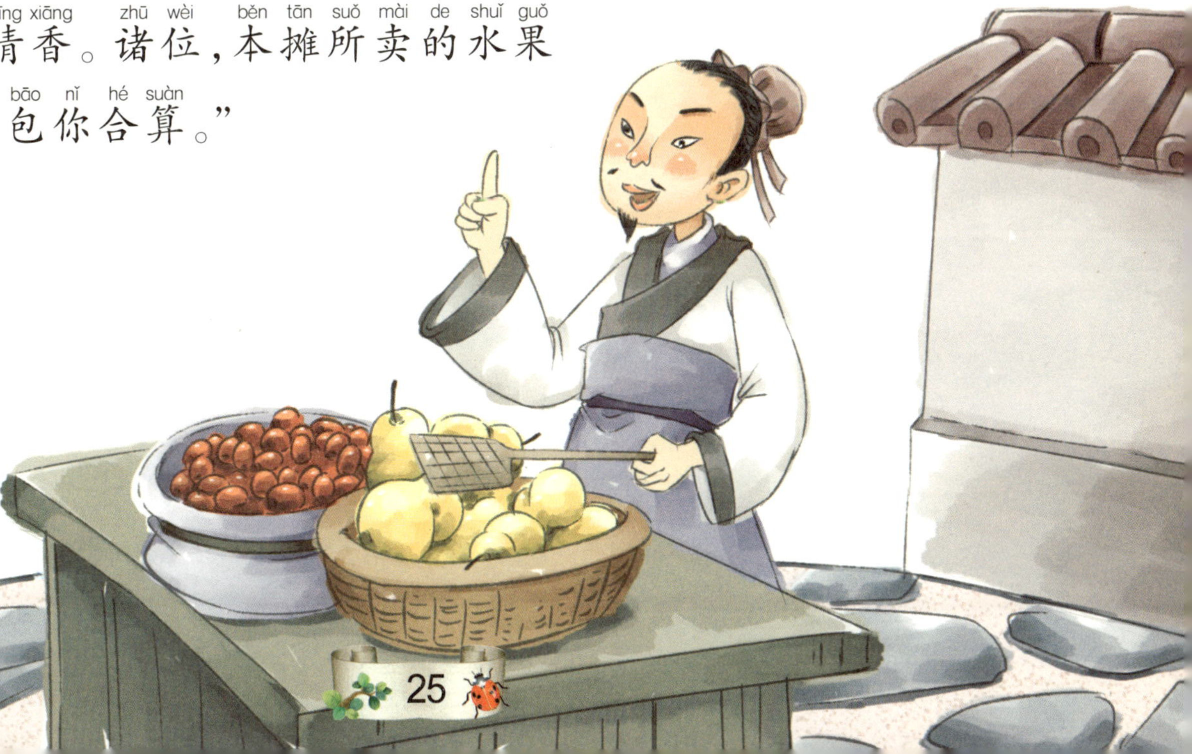

停了一会儿,他又指着水果说:"奉劝诸位,最好还是每种水果都买一些。梨子吃多了,对牙齿有好处,但会损伤心脾;枣子吃多了,对心脾有好处,但会损伤牙齿。诸位,最好各种水果都吃一些,这样才能取长补短。"

不少顾客围着摊子议论,一个说:"说得有理!吃了梨,伤了心脾,让枣子来补;吃了枣子,损了牙齿,让梨子来补。如果样样都吃,那就伤不着我的身体了。"

也有人说:"我看还是不吃为好,吃梨补了牙齿,又被枣子损伤;吃枣子补了心脾,又被梨子损伤。这样吃不等于白吃吗?"

又有一个顾客说:"可以这么吃:梨,只管咀嚼,不咽下去,那就伤不着我的心脾,还有益我的牙齿;枣子,只管硬吞下去,而不咀嚼,那就伤不着我的牙齿,还补了我的心脾。"

众人听了这番议论,哄堂大笑,打趣地说:"你真是囫囵吞枣呀!"

画蛇添足
huà shé tiān zú

【成语释疑】 比喻多此一举，弄巧成拙。

很久以前，楚国有个管理祠堂的官员，在一次祭祀典礼完毕后，把一壶酒奖赏给他的门客喝。但是，门客很多，酒却只有一壶。

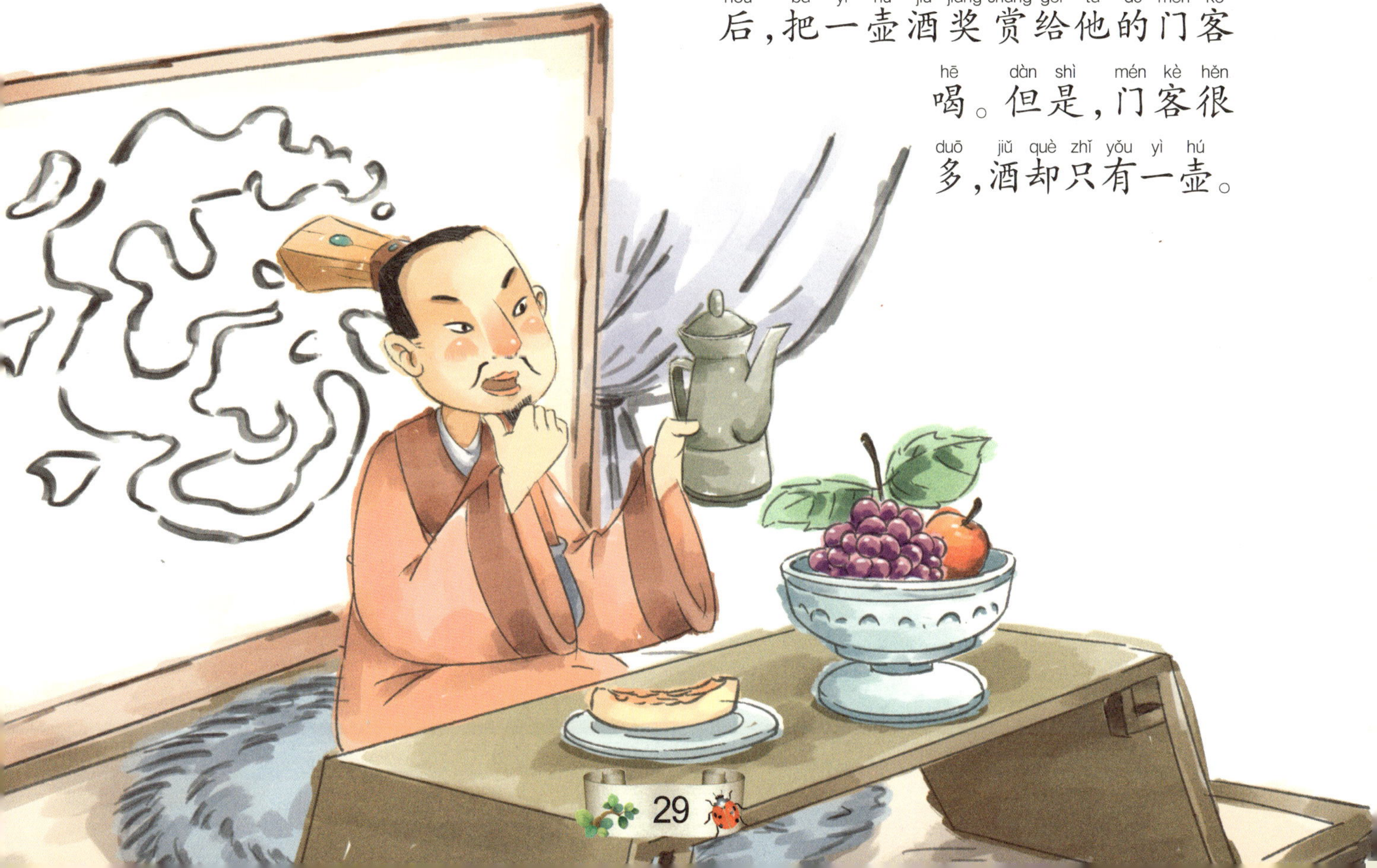

这么多人喝一壶酒,肯定不够,门客便商量说:"我们每人都在地上画一条蛇,谁先画完,谁就喝酒。"

就这样,门客们就开始画蛇争酒喝了。

有个人很快就把蛇画好了。他马上拿过酒壶,准备喝个痛快。

刚把酒壶放到嘴边,那个人看了看其他的人,原来其他的人还都在那儿低头作画呢。

他为了表明自己比别人能干,又放下了酒壶,给蛇添上了四只脚。

恰好这时,另一个人也画完了蛇。

后来画完蛇的那个人马上将酒壶抢了过去,说:"蛇是没有脚的,有脚的不是蛇。你画的不是蛇,我是第一个画完的,这壶酒该我喝。"

那个人一说完,就拿起酒壶,津津有味地将酒喝完了。那个画蛇添足的人不仅没喝到酒,还成了大家的笑柄。

呕心沥血

【成语释疑】呕：吐。沥：滴。形容费尽心思，耗尽心血。多用于写作、教育或工作方面。

唐朝中期有位名叫李贺的诗人。他的诗写得非常好，诗的风格跟李白很相似。当时，人们称李白为"仙才"，称李贺为"鬼才"。

李贺只活了二十七岁,但在他短短的一生中,留下了很多诗篇,流传到现在的还有二百五十首之多。

李贺很小的时候,就会写诗了。他七岁写了首诗——《高轩过》,当时的大学问家看了,都非常喜欢。消息一传出,整个京城的人都感到惊奇,人们称他为"神童"。

李贺不仅会写诗,而且爱写诗。他十四五岁的时候,每天都骑马出去游玩。他玩的时候,跟别人不同。他总是背着一个袋子,袋子里装着纸和笔。他一听到别人说的好词句,就把它们记

下来，然后放回袋子里。有时一天就把袋子装得满满的。

游玩回来，他就把那些纸条上的词句一条条地抄在一个小本子上。有一回，他的母亲看到他抄了很厚的一本书，心疼地对旁边的人说："这是我儿李贺呕出来的心血啊。"意思是说："李贺被诗迷住了，为了写诗，即使累得呕血，也心甘情愿。"

后人就根据李贺母亲说的这句话，总结了"呕心沥血"这个成语。

画龙点睛
huà lóng diǎn jīng

【成语释疑】原指梁代画家张僧繇作画神妙。现在比喻作文章或说话时在关键的地方加一两句点明中心大意,使全篇内容更加生动有力。

张僧繇是我国古代非常著名的画家,他非常擅长画龙。

传说，张僧繇曾经在金陵（今南京）安乐寺的墙壁上画过四条龙。这四条龙画得活灵活现，但却没有眼睛。人们看了，都觉得美中不足。这一天，正是赶庙会的日子，张僧繇也来安乐寺赶庙会。有人认出了他，就问他为什么不给龙画上眼睛。张僧繇说："若是画了龙眼睛，龙会飞走的。"人们认为他在吹牛，非要他给龙画上眼睛。

张僧繇只好拿起笔来画龙的眼睛。他边画边说:"我就给两条龙画眼睛吧,以免它们全部飞走了。大家也躲开点儿,免得龙起飞的时候伤到你们。"很快,他就把两条龙的眼睛画好了。

忽然间,电闪雷鸣,风声大作,大雨倾盆。被点上眼睛的两条龙腾空而起,转眼间,驾着乌云飞上了天空。不久,就消失在云朵里了。

"画龙点睛"这个成语就由此产生了。

刮目相看

【成语释疑】刮目：擦亮眼睛。指改变老眼光，用新眼光看人。

三国时期，吕蒙是东吴的一员大将。他南征北战，读书很少，一般人都认为他是个武夫。有一回，东吴国君孙权劝吕蒙要多读书。吕蒙为难地说："现在军务太忙，哪有时间读书呢？"

孙权说:"我不是要你博览群书,通晓古今,只是希望你多读书,多知道一些过去的事情。你很聪明,只要肯学,一定会有收获的。"他还用汉光武帝刘秀爱读书的例子勉励吕蒙。吕蒙听了,很受感动。从此,吕蒙发奋读书,进步很快。

有一次,东吴的大臣鲁肃带兵到陆口去,经过吕蒙的兵营,去拜见吕蒙。

吕蒙设宴款待他。席上,吕蒙问鲁肃说:"这次任务重大,而且与关羽为邻,您打算怎样应对呢?"

鲁肃没有认真地考虑,就说:"到时候看情况再说吧!"吕蒙一听,严肃地说:"目前咱们虽然与西蜀联合抗曹,但是关羽却不是个简单的人物,有些事情是需要事先想好的。"于是他给鲁肃出了主意。

等吕蒙说完,鲁肃高兴得走到吕蒙面前,亲切地说:"我原以为你只是精通武艺,没想到你的学识现在也这么渊博。你已经不是当年吴下的吕蒙啦!"

吕蒙大笑说:"对读书人来说,三天不见,就该用新的眼光来看待他了啊!"

吕蒙这句话后来演变成了成语"刮目相看"或"刮目相待"。

给孩子读的中国成语故事

中国成语故事 ③

雷倩 编

远方出版社

图书在版编目（CIP）数据

中国成语故事：1—4 / 雷倩编. —— 呼和浩特：远方出版社，2023.12
ISBN 978-7-5555-1835-8

Ⅰ.①中… Ⅱ.①雷… Ⅲ.①汉语－成语－故事－儿童读物 Ⅳ.①H136.31-49

中国国家版本馆CIP数据核字(2023)第227716号

中国成语故事（1—4）
ZHONGGUO CHENGYU GUSHI (1—4)

编　者	雷　倩
责任编辑	蒙丽芳
封面设计	宋双成
版式设计	欣颖工作室
出版发行	远方出版社
社　址	呼和浩特市乌兰察布东路666号　邮编 010010
电　话	（0471）2236473 总编室　2236460 发行部
经　销	新华书店
印　刷	保定慧世源印刷有限公司
开　本	889毫米×1194毫米　1/24
字　数	109千
印　张	8
版　次	2023年12月第1版
印　次	2023年12月第1次印刷
印　数	1—5000册
标准书号	ISBN 978-7-5555-1835-8
定　价	98.00元（共4册）

如发现印装质量问题，请与出版社联系调换

扫码打开
线上阅读宝库

用经典启迪智慧

点读助手
会说话的故事书，互动点读趣味多。

趣味动画
激发学习兴趣，解读小故事里的大智慧。

知识测评
在线答题，轻松提升孩子文化修养。

阅读打卡
记录读书心得，养成阅读好习惯。

目 录

刻舟求剑 …………………………………… 1

掩耳盗铃 …………………………………… 5

杯弓蛇影 …………………………………… 9

凿壁借光 …………………………………… 13

指鹿为马 …………………………………… 17

唇亡齿寒 …………………………………… 21

人面桃花 …………………………………… 25

才高八斗 …………………………………… 29

天衣无缝 …………………………………… 33

老马识途 …………………………………… 37

自相矛盾 …………………………………… 39

程门立雪 …………………………………… 42

刻舟求剑

【成语释疑】 求：寻找。剑落水时在船帮上刻上记号，船停后，从刻记号的地方下水去找。比喻办事刻板、拘泥而不知变通。

战国时，楚国有一个人乘船过江。他衣冠楚楚，身上还佩带着一把长剑。他站在船头，观看着岸上的美景，心里非常高兴，不禁手舞足蹈起来。

谁知，正当他兴高采烈的时候，身上佩带的宝剑落到了水里。他急忙从口袋里掏出小刀，用小刀在船帮上刻了一个记号。艄公问他："你这是干什么？"他说："我的剑是从这里掉到水里的。等船靠了岸，我就从这里下水寻找。"

不久,船靠岸了。楚国人从刻着记号的位置跳进江里,在水里捞了半天却一无所获。

他上岸后,指着船上的记号,很纳闷地说:"我的剑明明是从这里掉下水的,为什么却找不到呢?"

艄公笑着说:"你的剑本来掉在江心,你却在船上刻记号。现在船由江心靠了岸,剑却不能随着船移动,你又怎么找得到剑呢?"

这个故事就是"刻舟求剑"的来源。

掩耳盗铃

【成语释疑】 盗：偷。捂住自己的耳朵去偷铃铛，比喻愚蠢、自欺欺人的掩饰行为。

春秋时期，晋国贵族智伯灭掉了范氏。有个贪小便宜的人趁机跑到范氏家里想偷点东西。

他进了范家大院,看见一口用上等青铜铸成的大钟挂在院子里,造型和图案都十分精美。

小偷很高兴,就想把这口精美的大钟背回家,可大钟又大又重,他怎么也挪不动。他想来想去,决定先把钟敲碎,再分开来搬回家。小偷找来一把大锤,使劲朝大钟砸去,只听

"咣"的一声巨响,他自己都吓了一跳。

小偷心想:这下糟了,声音一传出去,别人不就知道了我正在这里偷钟吗?他越想越害怕,不由自主地缩回双手,捂住了耳朵。

"咦?钟声怎么变小了,听不见了?"他感到很惊讶。

小偷心里一阵狂喜,急忙找来两个布团,塞住自己的耳朵。心想:这下好了,谁也听不见钟声了,于是开始拼命地砸钟。

结果,砸钟的声音很快传向四面八方,人们听到后急忙赶来,把小偷抓了个正着。

杯弓蛇影

【成语释疑】把酒杯中的弓影当成了蛇。比喻因疑神疑鬼，而自己惊扰自己。

有个名叫应彬的县令，请他的一位同事杜宣喝酒。入座以后，杜宣正要喝酒，突然发现自己的杯子里有一条小

蛇。杜宣心里发毛,但又不好不喝酒,就硬着头皮把酒喝了下去。
回家以后,杜宣一想起酒杯里的蛇,就浑身哆嗦,不久就大病了一场。家里人请了许多医生来治病,也不见好转。

应彬听说后前去探望,杜宣就把酒杯里有蛇的事告诉了应彬。应彬觉得很奇怪,回家后,他就坐在杜宣那天坐的位置上,倒了一杯酒,结果他也看到杯子里有条蛇在动!

他吓了一跳,仔细一看,发现那并不是蛇,只是挂在墙上的一张弓,弓的影子映在杯子里,就像一条蛇。

应彬赶紧来到杜宣家中,把这件事告诉了杜宣。

杜宣一听,便跟着应彬到应家求证了一番,果然是弓的影子映在酒杯里。这一下,杜宣的病彻底好了。

凿壁借光

【成语释疑】凿穿墙壁以借邻居家的光亮。形容勤学苦读。

西汉时期,有个叫匡衡的人,非常喜欢读书,但是他家里很穷,根本买不起蜡烛,晚上自然就没办法读书了。

匡衡的邻居家十分富有,每天晚上都会点许多蜡烛,把屋里照得通亮。

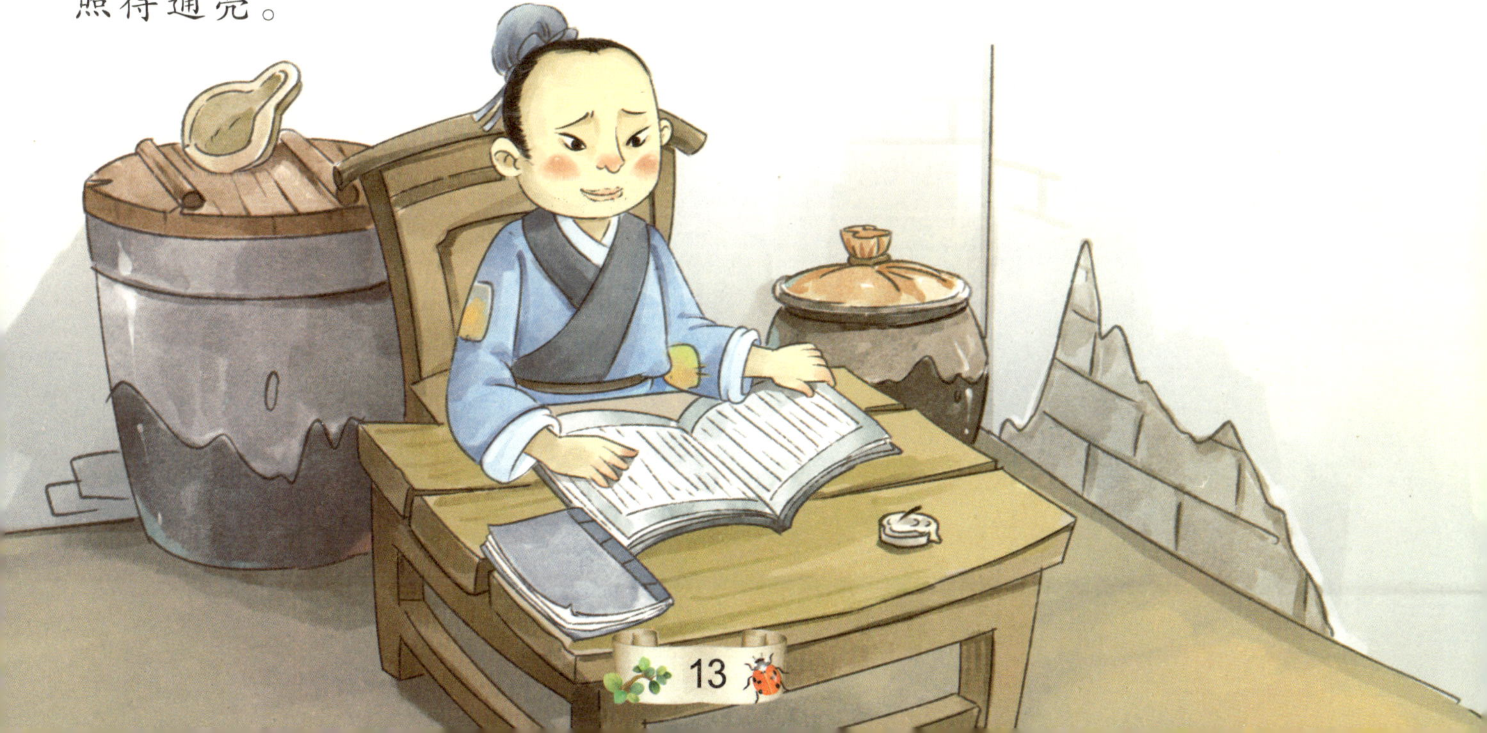

匡衡就想到邻居家里去读书,可是邻居不答应。后来,他想了个好办法。他偷偷地在自家墙壁上凿了一个小洞,邻居家里的亮光就透过来了,他就对着从洞里透出来的亮光开始读书。

就这样,匡衡把自己家里的书都读完了,可他又没钱去买新书,这可怎么办呢?

有一天,他路过县里的一个财主家,发现财主家中有很多书,他就去给财主干活,却不要工钱。

财主觉得很奇怪,就问他:"你为什么白白为我干活呀?"匡衡也没有隐瞒,就直接说:"我给你干活,不是想赚钱,只是想借你家里的书看,你同不同意呢?"财主觉得匡衡很好学,非常敬佩,就把家里的书都借给了他。

后来,匡衡成了一位大学问家,还做了宰相。

指鹿为马
zhǐ lù wéi mǎ

【成语释疑】把鹿说成是马。比喻故意混淆是非，颠倒黑白。

秦始皇死后，担任中车府令（掌管皇帝车马）的宦官赵高与秦始皇的小儿子胡亥串通起来篡夺王位，于是胡亥成了秦二世。

赵高因拥立新皇有功,成了秦二世的亲信,被秦二世封为郎中令。

虽然赵高的地位在丞相李斯之下,却是秦二世最信任的宦官,秦二世遇事总是第一个与他商量。

但赵高仍然不满位列李斯之下,便设计害死李斯,自己当了丞相。然而他的野心还不满足,他还想当皇帝,为了试探大臣们对

自己是否信服，他玩了个花招。

有一天，他把一只梅花鹿牵到大殿上，指着它对秦二世说："这是臣刚才寻到的一匹骏马，特来献给陛下。"秦二世一见，不禁笑出声来："丞相怎么这么说？这明明是鹿，不是马。"赵高面不改色地说："陛下，这是马，不是鹿，不信您可以问问大臣们，看看究竟是马还是鹿。"说罢，他威

严的眼光扫过群臣。

秦二世让大臣都来看鹿,并问他们这到底是什么动物。大臣们看了看,有的默不出声;有的为了讨好赵高,就说是马;也有的人不愿意说假话,便指出它是鹿。

事后,赵高对不承认是马的大臣想方设法加以迫害,将他们一一送进监狱。此后,大臣们对赵高更畏惧了。

唇亡齿寒

【成语释疑】嘴唇没有了,牙齿就会感到寒冷。比喻关系密切,利害攸关。

春秋时期,晋国想攻打虢国,但是两国中间隔着一个虞国。晋国的大夫荀息向晋献公献计说:"请您把垂棘出产的宝玉和屈产出产的骏马,作为礼物送给虞王,然后提出借路的要求。"

献公说:"如果虞国收下了这两件礼物,又不借路给我们,那怎么办呢?"

荀息回答说:"如果收下我们的礼物,他们一定会借路给我们,否则他们不敢收礼物的。即使他们收下了礼物,玉石和骏马也只是暂时属于他们罢了。"

献公听从了荀息的话,就派他把礼物送到虞国去。虞王贪图美玉和宝马,就准备答应晋国的借路要求。

这时,虞王身边一个名叫宫之奇的大臣,劝虞王说:"虢国是我们的邻居,和我们的关系如同嘴唇和牙齿一样,互相关联。前人曾经这样说过'唇亡齿寒'。虢国之所以没被灭掉,是靠虞国

的支持；虞国之所以没被灭掉，是靠虢国的支持。如果我们把道路借给晋国，那么虢国早晨被灭掉，虞国在当天晚上也就会跟着被灭掉。"虞王当然听不进这番话，坚持把道路借给了晋国。

于是，荀息带领兵马，进攻虢国，很快把它灭掉了。晋军得胜返回晋国之后，又背信弃义进攻虞国，把虞国消灭了，虞王当了晋国的俘虏。那些美玉和宝马自然仍归晋公所有。

人面桃花

【成语释疑】 原指女子的面容与桃花相辉映，后来泛指所爱慕而不能再见的女子，也形容由此而产生的怅惘心情。

唐朝诗人崔护在京城参加科举，不料没有考中，便在城内找了个客栈住了下来，继续刻苦读书，准备下一次再去参加考试。

时间过得飞快,转眼便到了清明节,正是春意盎然的时候,人们纷纷到郊外踏青。崔护也来到了长安南郊,这里绿树成荫,桃花盛开。崔护被眼前的美景陶醉了,心想:这里的风景如此美丽,住在这儿的人也格外美吧。

于是他借口讨水喝,敲开了一户人家的大门,前来开门的果然是一个艳丽动人的姑娘。那姑娘给他端来一杯水,就羞怯地站在桃树下看着他,桃花映着姑娘的脸,显得更加美丽动人。崔护顿生爱慕之心。闲谈之中他向姑娘暗示自己的情意,告别时姑娘也有些依依不舍……

从此以后,崔护的眼前经常出现那位姑娘的身影,可为了能够求取功名,只能压抑自己的感情。

第二年,他又来到这儿,但是人去屋空,门上挂着一把锁,那位姑娘也不见了。他很失望地有感而发,就在门上题了一首诗:"去年今日此门中,人面桃花相映红,人面不知何处去,桃花依旧笑春风。"并且留下了自己的姓名。

才高八斗

【成语释疑】 才：指文才、才华。形容人的文才高，知识丰富。常用来比喻一个人才华横溢，无人可比。

南朝时期的谢灵运是我国古代著名的山水诗作家。他自幼便好读诗书，聪明过人。成年以后，谢灵运不仅诗文出色，在书法上更是造诣极深。

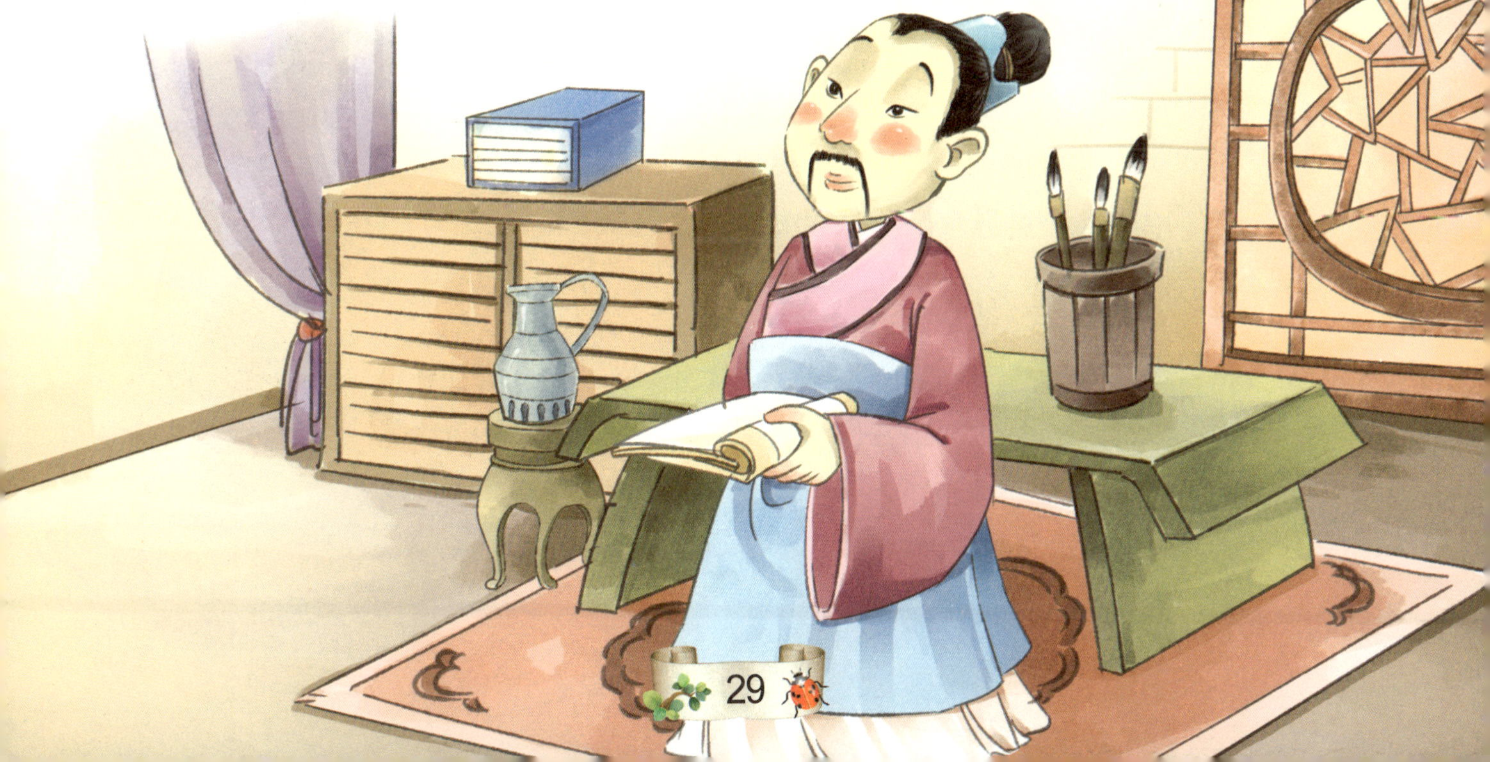

当朝皇帝对谢灵运十分宠信,特地召他进京任职,常将谢灵运作的诗小心收藏起来,称之为"二宝",还经常让他参加宫廷宴会并要求他即兴作诗,但皇帝只将谢灵运看做一个会写诗作文的人,在一些国家事务上却没有倚重于他。

后来,谢灵运知道无法受到重用,索性辞官回乡,寄情于山水之间,沉醉于自然之中,方巾布衣,脚着木屐,率性而为,凭兴而作,写下了大量绝妙的好诗。

谢灵运诗风清新,每有新诗写出,便被人四处传抄,争相诵读,从乡间直至京城。有人当面称赞他说:"谢公,您才华盖世,卓尔不群,真是让人羡慕啊!"

谢灵运哈哈大笑,一挥袍袖说:"哪里!天下的才华如果有一石的话,子建(曹植)独占八斗,我自己占一斗,其余的一斗只能由天下所有文人共分了!"

天衣无缝

【成语释疑】 衣：衣服。缝：缝隙。原指神仙的衣服没有缝儿。比喻事物浑然天成、完美自然，没有缺漏。

传说有个名叫郭翰的读书人，他能诗善画，性格诙谐，喜欢开玩笑。一个夏天的夜晚，他独自在院子里乘凉。

忽然一阵清风拂面而来,郭翰抬头一看,惊奇得说不出话来。只见一位如花似玉的姑娘,从半空中飘然而至,落到他面前。郭翰心想,这准是天上的仙女。一问果然没错,她是牛郎的妻子织女,织布织累了,到人间来解解闷。

郭翰十分好奇地问仙女:"听说有一种药,人吃了可以长生不老,你知道哪儿有吗?"仙女说:"这种药人间没有,天上到处

都是。"

郭翰说:"既然天上多得很,你该带点下来,让人们尝尝有多好呀。"仙女说:"天上的东西,带到人间就失去了灵气。"

郭翰听完,目不转睛地打量着织女,不禁被她的服装吸引住了。这身衣裳色彩斑斓。最令人叫绝的是,整套衣裳浑然一体,竟看不出一丝线缝。

郭翰不禁纳闷：这衣服是怎么裁剪，又怎么做出来的？什么人有这么好的手艺？

织女仿佛看出了郭翰的心事，抿嘴笑着说："这是天衣。天衣和你们人间穿的衣服可不一样，从来不用剪刀裁，也不用针线缝，当然找不到缝接的地方。"

第二天，郭翰把夜里的奇遇告诉了左邻右舍，人们不禁啧啧称奇。

老马识途

【成语释疑】识:认识。途:路,道路。老马认识曾经走过的道路。比喻有经验的人对事情比较熟悉。

春秋时期,齐桓公带兵攻打山戎国,山戎国王逃到了孤竹国。齐桓公紧追不放,又向孤竹国进军。

当时正是春暖花开的季节,等到孤竹国被打败时,已经春去冬来了。出征时茂密的树林,现在尽是枯枝败叶。那时只见遍地的鲜花,现在却全是茫茫的白雪,来时道路的痕迹一点都找不到了。齐国军队迷了路,被困在山里。齐桓公焦急万分。这时候,大臣管仲想出了个办法。他让士兵牵出几匹老马在前面带路。大军紧紧地跟在后面,就这样,军队终于回到了齐国。

自相矛盾

【成语释疑】矛和盾是古代的两种兵器。长矛用来进攻,盾牌用来防御。比喻那种办事、说话前后抵触、互相对立的情况。

楚国有个出售兵器的人,带着他制造的矛和盾到处推销。为了推销自己的兵器,吸引人们注意,他逢人就说他的矛和盾是用最坚硬的材料制成的。

他一会儿指着盾牌对人夸口:"我的盾牌是特制的,任何武器也刺不透!"一会儿又举着长矛吹嘘:"我的长矛是最锋利的,能刺透任何东西!"

正当他说得起劲的时候,有个人拿起一支矛,又拿起一面盾,然后问他:"如果用你的长矛去刺你的盾牌,又会怎么样呢?"

"这……"一句话问得这个出售兵器的人哑口无言,围观的群众见他无话可说,纷纷大笑起来。卖兵器的人只好拿着他的矛和盾溜之大吉。

程门立雪

【成语释疑】这个成语出自《宋史·杨时传》,由"颐既觉,则门外雪深一尺矣"演变而来。比喻学生尊师重道,恭敬受教。

宋代的杨时和游酢非常好学,他们都中了进士,却不想入朝为官,只想专心钻研学问。他们拜在当时著名的理学家程颢门下学习理学,后来程颢去世了,他们又一起去向程颢的弟弟程颐请教学问。

可是,当他们来到程颐家时,程颐恰好正在睡觉。他们不想打扰老师休息,就站在门外静静地等待着。

时值隆冬,天上正飘着鹅毛大雪。他俩就这样顶着寒风,迎着大雪,恭敬地站在门外等待老师醒来。

程颐醒来时,外面的雪已经下了一尺多厚了,杨时和游酢还一直站在雪里,快变成两个雪人了。程颐一见,连忙把他们请进了屋里。